齋藤 孝

Eiichi Shibusawa
and Franklin
Takashi Saito

渋沢栄一とフランクリン

2人の偉人に学ぶビジネスと人生の成功法則

致知出版社

まえがき

世の中には、たった一人の人間をしてこれだけのことが成し得るのかと、驚嘆させられてしまう人物が存在します。

私の場合、その一人が渋沢栄一であり、もう一人がベンジャミン・フランクリンで、かねてより二人の残した業績に対し、深い敬意を抱いてきました。

渋沢栄一は、その生涯に約五百もの企業の育成に携わるとともに、約六百もの社会公共活動や民間外交に力を尽くしたといわれています。第一国立銀行（現みずほ銀行）や東京証券取引所などの設立を始め、東京瓦斯《ガス》（現東京ガス）、東京海上保険（現東京海上日動火災保険）、王子製紙（現王子製紙・日本製紙）、秩父セメント（現太平洋セメント）、東京ホテル（現帝国ホテル）、京阪電気鉄道、キリンビール、サッポロビール、東洋紡績、日本精糖（現大日本明治製糖）……などなど、その功績は枚挙に遑がありません。

一方、ベンジャミン・フランクリンは、政治家、外交官、著述家、気象学者、科学者、発明家など、多種多様な顔を持ち、しかもそれぞれの世界において顕著な業績を残すという超人的な仕事ぶりを発揮しています。

本国アメリカでは、フランクリンの肖像画は紙幣に用いられ、小学校の教科書にも自伝が掲載されるなど、その人物像はアメリカ人における生き方のモデルとして今日も人々の尊敬の的となっています。

ところが、そのフランクリンに比肩し得るほどの業績を残した渋沢栄一は、紙幣に用いられず、また教科書にも大きく取り上げられておらず、その偉業と生き方が国民に浸透しているとは言えない状態です。彼は他の明治期の実業家たちと異なり、財閥をつくらなかったこともその大きな要因になっているのでしょう。渋沢栄一の肖像画が紙幣に刷られる日が来ることを、私は密かに夢見ています。

さて、この渋沢とフランクリンという二人の偉人をなぜ並べて語ろうとするのかの理由は本章に譲りますが、これだけの圧倒的な仕事量をこなし、かつ圧倒的な成果を挙げてきた二人を突き動かしてきた原動力は果たしてなんだったのでしょうか。その超人的なバイタリティは一体何に起因するものだったのでしょうか。

現代は何かと忙しく、ストレスフルな社会であるといわれますが、この二人は疲れ知らずで、直面する数々の難題にむしろ嬉々として対峙していたように私には思えてならないのです。その、ある意味で突き抜けた明るさは、一体どこから来るものなのでしょうか。

生まれた国も、生きた時代も異なる二人の軌跡を辿ってみることで、ビジネスにも人生にも共通する、普遍の成功哲学をきっと感じ取っていただけることと思います。そしてそんな二人の生き方こそが、これからの日本人にとっての生き方のモデルにもなってくれることを祈りつつ本書を送り出します。

渋沢栄一とフランクリン＊目次

まえがき　1

第一章　資本主義の父といわれた二人の男

今なお経済、社会のあり方を指し示す二人の指　14
時代背景――新たな国が生まれようとする時に生きた二人　17
公共心――「個」ではなく「公」のために力を尽くす　21
生きる指針を持つ――『論語』と『聖書』　23

第二章　フランクリンの足跡――アメリカの資本主義の礎を築く

明治初めに日本でも高まったフランクリン熱　28
フランクリン人気の理由　31
二十代で身につけた勤勉と倹約の精神　34

この世のいかなる役でも演じたフランクリン　36
アメリカ独立の立役者となる　40
そして〝資本主義の父〟となる　44

第三章　渋沢栄一の足跡——国家社会の為に此の事業を起こす

日本が大きく変わろうとする時代に生まれ育つ　48
ヨーロッパで資本主義の洗礼に遭う　50
いかにこの国を一流国にするか　52
私は論語で一生を貫いてみせる　55
合本主義で銀行を設立する　57
すべては国家社会のために　60

第四章　フランクリンの「十三徳」

名言も行動が伴わなければ絵に描いた餅　66
「この世」で幸せになるためのルールを作る　68
第一　節制　72　第二　沈黙　75
第三　規律　78　第四　決断　80
第五　節約　82　第六　勤勉　84
第七　誠実　89　第八　正義　89
第九　中庸　92　第十　清潔　94
第十一　平静　95　第十二　純潔　97
第十三　謙譲　98
徳の並べ方にもある工夫　100
「十三徳」が実践できているか、毎日チェックする　101
手帳を使いこなす現代人はフランクリンの精神的子孫　104

セルフメイドマンがアメリカの基本精神だった 106
もともと日本人には「十三徳」のベースがあった 108
経済活動こそが最高の道徳 110

第五章　渋沢栄一の『論語』

精神性を高めることによって人生を充実させていく 114
論語と算盤は甚だ遠くして甚だ近いもの 115
人物を見極めるにはこの三点を見よ 118
勉強を始めるのに遅すぎることはない 119
ただ読むだけでなく自ら実践してみる 122
志の有無が人生のエネルギーを決める 125
人生に立ち向かう勇猛心はこうして養え 127
志を立てることがすべての原動力になる 130
社会生活に不可欠な常識はこの三つのバランスで養う 132

昨日は元気でもきょうは疲れた　そんな元気では駄目だ　136
偉くなりたいと考えなくなった日本人　137
信用を第一に行動すれば人生は間違いない　140
日本人が道徳心を失ったのはいつか　141
教師はストップウォッチを持って授業に臨むべし　142
個性的であることを目指さなくてもよい　146
真剣に生きていない人は『論語』の名言も心に響かない　148
真のクリエイティビティを発揮した渋沢栄一　151
激務を処理するとっておきの秘訣　156
本を通じて優れた先人の精神に触れよう　157

第六章　渋沢栄一とフランクリンから何を学ぶか

高い精神性こそが経営力の源泉　162
日本の発展の原動力となった倫理観と公共心を取り戻せ　164

膨大な仕事をストレスなくこなしていく秘訣 167
無駄なことで悩まず素早く決定していく 169
スピードこそが公共性である 170
小さな集団からこの国を変えていく 174
これからの時代に必須となる新しい学力とは 176
強靭な問題解決力はこうして養え 178
攻めの公共心でこの国を盛り上げていこう 180
渋沢栄一とフランクリンを新しい日本のロールモデルに 184

あとがき 188

装　幀――川上成夫
カバー写真――国立国会図書館
本文写真（四十七頁、五十三頁）――渋沢史料館所蔵
帯　写真――坂本泰士
編集協力――柏木孝之

第一章

資本主義の父といわれた二人の男

今なお経済、社会のあり方を指し示す二人の指

渋沢栄一とベンジャミン・フランクリン――。国はもちろん異なり、生きた時代も百年以上開きがある二人ですが、私は常々この二人のたどった考え方、生き方、そして、二人が生涯かけて果たした功績に共通するところがとても多いと感じていました。

この二人を評してしばしば「資本主義の父」と言われます。資本主義社会は決して一人の力でできるものではなく、多くの人が結集してできあがっていくものです。それにもかかわらず一人の人物をして「資本主義の父」と言わしめるのは、尋常ではないことかもしれません。

しかし、アメリカ合衆国においてはフランクリンが、そして日本においては渋沢栄一が先頭に立って行動を起こし、民衆とともに、「資本主義社会」と言われる現在の豊かな社会の基礎を築いていったと言ってもいいでしょう。その意味で渋沢栄一とフランクリンが「資本主義社会の父」と言われても十分に納得できるのです。

二人を並べて語ることによって「経済を中心にした豊かで民主的な社会」の大本、礎《いしずえ》は何だったのかがわかってくるでしょう。今も日本やアメリカのみならず、世界の資本主義国で経済にまつわるさまざまな問題が生じています。世界の経済が巨大になり、複雑に絡み合い、問題の本質がどこにあるのか見えなくなっているのも事実です。資本主義とは一体なんだったんだ、ということさえわからなくなっていると言ってもいいでしょう。

初心に帰るという言葉があります。

複雑になり過ぎた現代だからこそ、アメリカと日本に資本主義が生まれた時代に立ち返ってみる。当時、資本主義の社会を築いていった二人が、どのようなことを考えて、どのように資本主義社会の原型のような社会を築いてきたかを検証することが現代の社会が抱えている問題の解決の糸口になります。

言葉を換えれば、アメリカで二百年前、日本では百年前に、豊かな社会をいかにつくるかを真剣に考え、行動に移した二人の軌跡をたどることが、私たちの住む社会が何を理想としてつくられたかがわかる一番の近道だということです。その基本にもどることで現代社会の問題点も浮き彫りになってくるのではないでしょうか。

一つの社会のあり方、骨格を作った人物がアメリカと日本にいたということは、改めて考えみると不思議なことではあります。逆に言えば、この二人がいたからこそ、今の繁栄したアメリカ、そして日本があると言ってもいいでしょう。

ガリレオ・ガリレイは十六世紀の偉大な科学者です。地動説を唱えたことはあまりにも有名ですが、それと同時に、「多数派の説を盲目的に信じるのではなく、自分自身で実験を行って自分の目で確かめる」という科学の方向性を決めたことにより「科学の父」と呼ばれたりもしています。そのガリレオの示した科学の方向性は、「ガリレオの指」と表現されることがあります。

イタリアのフィレンツェのガリレオ博物館には、現物のガリレオの中指が展示されています。望遠鏡で観察していた指を残すことで、「観察と実験」に基づく科学の方向性を象徴させているのです。ピーター・アトキンスの『ガリレオの指——現代科学を動かす10大理論』という本もあります。ガリレオが近代科学の精神を体現しているのです。

ガリレオが科学という分野で指し示した方向性が、今なおぶれることなく生き続けています。それと同様に、渋沢、フランクリン、二人の指は現在も経済、社会のあり方を指し示しているといってもいいでしょう。

時代背景――新たな国が生まれようとする時に生きた二人

二人のそれぞれの足跡をたどる前に、時代背景や二人に共通する点を、基礎知識として探っておきたいと思います。

二人はアメリカと日本という遠く離れた国に生まれました。しかも百年という時間的な開きもありました。しかし、それぞれが生まれた国の様相はよく似ていました。

フランクリンは一七〇六年にアメリカのボストンに生まれ、一七九〇年に亡くなっています。アメリカの独立宣言は一七七六年、フランクリン七十歳のときでした。

独立前の十八世紀のアメリカにはイングランドをはじめとしてヨーロッパ各国から

多くの移民が海を渡ってやってきていました。一六九〇年には移民の人口は二十五万人でしたが、その後二十五年ごとに倍増し、独立前の一七七五年には二百五十万人を超えるまでになっていました。十八世紀はアメリカの移民たちの経済力が高まり、文化も少しずつ充実していった時期だったのです。

当時、アメリカはイギリスをはじめフランスやスペインの植民地でした。なかでもイギリスは世界を支配するほどの強さを誇っていました。そのイギリスと戦って独立し、アメリカ合衆国という国が生まれるほど、移民は力をつけていたのです。

独立してアメリカ合衆国という新たな国が生まれようとしているまさにそんな時代にフランクリンは生まれ、やがて経済はもちろん文化という面でも中心的な役割を果たしていったのでした。

一方、渋沢栄一は一八四〇年に埼玉の深谷に生まれ、一九三一年に亡くなっています。明治維新は一八六八年、渋沢二十八歳の時のことでした。渋沢栄一もまた明治維新といういわば日本の独立の渦中に生まれ育ったのです。

新たな国が誕生するそのまっただ中に生きたフランクリン。国がなくなってしまうかもしれないという激動の国難に遭遇し、それを乗り切って新たな時代を築いていった渋沢栄一。

それぞれの国が独立に向けて大きく舵《かじ》を切ろうとしている時に生まれた二人は、ともに自らの国の存亡のために自分は何ができるかを真剣に考えたのでした。

もちろん維新の志士を挙げるまでもなく当時は誰もが国の行く末を案じ、何ができるかを考えたことでしょう。ただ、渋沢栄一とフランクリンに共通していたことは天下国家を論じるだけではなく、経済をもって国の柱としなくてはいけないと考えたことでした。

今でこそ経済が国の基盤であることは誰もが思いつくことでしょう。経済が悪くなっていくと雇用状態が悪くなり、人心も乱れ、国民全体の士気も下がっていくということは中学生でもわかることです。ただし、独立戦争の頃のアメリカ、江戸から明治の日本では経済がそれほど大切なこととは、ほとんどの人が思いもつかなかったことだと思います。

その頃の日本で言えば、天下国家のことを論じ、奔走して自らの身を捧げる、これこそが男の生き方という風潮がありました。そんな時代に、渋沢は官僚の職を辞して「野に下り」、経済を興していくのです。当時はお金を儲け、外国と取引をして富を増やす、それこそが国を独立させることだとは誰も思いつかなかったことだったのです。

一方、フランクリンが生まれ育った独立前のアメリカでも、人々は目の前の仕事に追われ、日々の生活を維持するのに精一杯という状況でした。自分を律する規範もなく、酒や賭博に溺れていく人も多くいたのでしょう。

そんな社会でフランクリンは独学し、自分自身で自らを律し、無学無一文から出発して事業を興し、発明もし、国の代表にまでなっていきます。後の章で詳しく説明しますが、その生き方そのものがアメリカの資本主義の精神をつくったとまで言われるのです。

ここで大切なことは、二人がただ単に時代の波に乗ってお金儲けをしたということではありません。利潤を得ることは大切なことです。しかし、二人に共通していたのは、お金を儲けるという気持ち以上に社会に貢献し、新しい世の中をつくっていくのだという気持ちが強かったということです。国家の独立に向けて、なんとか力を蓄えたい、少しでも早く自らの国を一流国へと育てなければいけない、そのためには経済を柱としていかなければいけないと気がつき、実際に行動に移していったのです。

公共心――「個」ではなく「公」のために力を尽くす

国も時代も違う渋沢とフランクリンですが、二人はともに単に金儲けではなく、新しい国、社会をつくっていくという意識で仕事をしていました。

日本の戦後の復興に貢献した経営者のなかには、日本という国をなんとかしたいという強い思い、公共心をもって事業を興し、発展させていった人がたくさんいます。松下幸之助しかり、出光石油の出光佐三、ソニーの井深大や今も現役で活躍されている稲盛和夫氏もそうした人の一人でしょう。日本でいえば渋沢栄一こそ公共心を持った経営者の最初の人だったと言ってもいいでしょう。

現在の多くの経営者は、公共心というよりは自分の個人的な生活をいかに豊かにするかということに重きをおいているように感じます。それはこの国が豊かになった証《あかし》かもしれません。しかし、いえ、だからこそ、経営者やそこに働く人にとって公共心を持つということが、これからの時代の資本主義社会のヒントになっていくのではないでしょうか。

公共性という点で見ると、渋沢は経済によって国を興すと同時に、学校や養護施設の創設、運営にも関わっていました。その数はすさまじく、設立に関わった会社は約五百社、そして六百以上の慈善活動の団体の設立や運営に携わってきました。

フランクリンも自らの事業だけでなくさまざまなことに力を尽くしています。なかでも公共性という点では、図書館を作ったことは大きな業績です。もともとフランクリンは学ぶことが好きで本もたくさん読んでいました。そしてフランクリンは考えます。

「この国が独立してやっていくためには国民の一人ひとりが読み書きができて、きちんと勉強できなくてはいけない。そのために図書館を各地に作り、人々が学ぶ環境を整え、国民のレベルを高めていく必要がある」

フランクリンが図書館というシステムを発明したわけではないのですが、まったく図書館がなかったアメリカの地に図書館を作り根付かせていった。図書館がある、学ぶことを基盤にした社会、システムをフランクリンがつくったのです。それだけでもフランクリンは偉大な仕事をしたと言ってもいいほどです。

さらに言えば、そのフランクリンの功績が現代のアメリカの向上心や競争心になっているのです。アメリカの大学は世界的に見てもそのレベルは最高峰にあります。ノーベル賞の受賞者も桁外れに多い国です。もっと勉強がしたい、新しいことをしたいという優秀で意欲のある人の多くはアメリカを目指します。その根本をつくったのがフランクリンの公共心だったと言ってもいいでしょう。

生きる指針を持つ――『論語』と『聖書』

渋沢栄一、フランクリン、この二人を語る上でどうしても避けて通れないのは、二人の行動、精神、生き方のすべてを貫いていた指針があったということです。

渋沢の『論語』、フランクリンの『聖書』がそれでした。

渋沢は江戸時代末（一八四〇年、天保一一年）に現在の埼玉県深谷の農家に生まれています。農家とはいえ藍染めなども扱う裕福な農家でした。学問を好んだ父のすすめで、子どもの頃から四書五経や剣術まで学んでいました。渋沢も熱心に学んだようで、『論語』も体に染み付いていたと言っていいでしょう。

幕末から維新、そして明治に、渋沢は当時の多くの人たちと同様、時代の波に揉まれます。その激動の時代に官僚となり、やがて実業家に転身していく。それはたった一人で大海に小さな舟で漕ぎ出すようなものだったに違いありません。時には迷い、不安になったこともあったでしょう。何か拠り所はないか、指針になるものはないか……そんな時頭に浮かんだのが『論語』だったのです。

明治六年に官を辞した時に、**「『論語』の精神で経済をする」**と宣言します。

晩年の書『渋沢百訓』のなかでも、『論語』は**「人間行為の完全なる標準であるから、この書に依って人格の修養をなすと同時に、人間として踏むべき道の一切をも知ってもらいたい」**と言い切っています。言い切るだけではなく、お経のように読むだけではなく、何をするにも『論語』に照らし合わせて判断し、行動したのです。

渋沢の有名なエピソードに「門戸開放主義」があります。誰がきても一応話は聞くという姿勢を生涯貫きます。その規範は孔子にあって、孔子は礼儀をきちんとわきまえている人には誰であっても教えていたと言われていますが、それに習ったようです。多忙だった渋沢にとって、海のものとも山のものともわからない人と会うのは、時に負担になっていたようですが、「孔子から学んだ以上自分はそれを貫く」と生涯、その教えを守ったのです。

一方、厳格な父に育てられたフランクリンの手元にはいつも『聖書』がありました。渋沢の『論語』のように、フランクリンの体には『聖書』が体に染み付いていたのです。その『聖書』に則ったプロテスタントの暮らしは勤勉を重んじ、禁欲的なものです。アメリカと言うと自由な国というイメージがありますが、現在もアメリカは生真面目なプロテスタントの人たちが多数を占めています。いまだに進化論を認めないという人たちが多くいるほどなのです。

それはともかく、フランクリンはアメリカの揺籃期《ようらんき》に『聖書』を規範として自らの運命を切り拓き、周りの人々を導き、独立を現実のものにしていったのでした。

渋沢とフランクリンが『論語』と『聖書』をどのように自らの規範としていったかはゆっくりとお話ししていきましょう。ともあれ二人には生涯を貫く確固たる倫理観があったということです。

第二章

フランクリンの足跡

——アメリカの資本主義の礎を築く

明治初めに日本でも高まったフランクリン熱

ベンジャミン・フランクリンという名前を聞いても、現代の日本人にはそれほどなじみはないかもしれません。あるいは名前くらいは聞いたことがあるかもしれませんが、いつの時代に何をしたか、正確に答えられる人はそう多くはいないでしょう。しかし、アメリカでは、建国の父の一人に数えられ、百ドル札に描かれるほど、よく知られた人物なのです。

明治初めの日本ではフランクリン熱が高まっていました。

福沢諭吉が西洋の道徳的な物語を集めた"Moral Class Book"という本を翻訳しましたが、そこにフランクリンのことが書かれていました。日本語のタイトルは『童蒙おしへ草』、明治五年に出版されています。おそらくこれがフランクリンのことを日本で紹介した最初のものだと思います。

フランクリンの一生がわかりやすくコンパクトにまとめられているので、少し引用してみましょう。

「ベンジヤァミン・フランクリンは北亜米利加州ボストン府の蠟燭屋の子なり。其《その》父貧窮にして其子を活字版摺《す》る職人となせり。フランクリンは読書を好み、得る所の金あれば尽《ことごと》く費して書物を買ふ程のことなれども唯《ただ》書物に耽《ふけ》るのみならず、其活版の職にも亦《また》よく出精し平生の活計に倹約を守り徒《いたずら》に月日を費せしことなし。年十七歳の時ヒラデルヒヤに行きケイメルと云ふ人と共に活字版の業を開けり。（中略）其後フランクリンは英吉利《イギリス》は都ロンドンに渡り処々の活版局に行て其職を勉めり。同局の職員は時々金を費して酒を飲み其心を乱ることあれども、フランクリンは一滴の酒をも口に付けざれば気分はいつも爽にして身体も強く、貯《たくわえ》の金は人よりも多し。廿歳の時ロンドンよりヒラデルヒヤへ帰り、復《また》彼のケイメルと共に活版の仕事を始め益《ます》業を勉て懈《おこた》らず、毎日様々の仕事に気を配り其傍に一枚の活版を植へざることなし。世上の人もフランクリンが正しくして業を勉め、何事を頼ても間違なく思のまゝに埒《らち》明くを悦《よろこん》で頻りに注文する者多く家業益繁昌せり。之よりフランクリンは新聞紙の出版を始め其文章妙を尽して人を悦ばしめ、天下一般に流行して利潤を得ること少なからず。（中略）新聞紙の出版も既に繁昌し次で又文房具の商売を始め、志ある人と会社を結《むすん》で多く書物を集め『プウア・リチヤルド・アルマナック』とて表題せる書を毎年一冊づゝ出版せり。此書《この》は多く人の心得となるべき事を記せる名文にて大に世間に益を為せり。フランクリンは斯《か》く仕事を勉め数年の間片時も暇なしと雖《いえ》ども、亦一身の徳義を脩《おさむ》ることを懈らず。年三十歳の時に至り都下の人望を得て会議所の書記官に命ぜられ、翌年は又立身して飛脚役所の掛《かかり》となれり。才徳身に不足なしと雖ども尚世の人のために益を為すを以て己が役前と思ひ、窮理学の社中を結て少年を教る大学校を開き、火災請合の法を工夫する等、凡そヒラデルヒアに於て市中一般の仕事にはフランクリンの関はらざることなかりしと云ふ」

そのあと、凧を使った実験で雷が電気であることを証明し避雷針を発明したことやアメリカの独立に貢献した話が続きます。そして最後に、フランクリンの生き方に触れています。

「古今の英雄、世の為に功を立てし者あれば、世の人これを見て其功を立てし所以《ゆえん》の方便を知らんと欲するは人情の常なり。今フランクリンの功を立てし方便を聞かんと欲する者あらば、同人の書遺《かきのこ》せし文章を左に記してこれに答ふべし。即ちフランクリンの遺文に云く『**富の得る道の易く平なるは市に行く道の如し。唯二言を以てこれを尽せり、働と倹約となり。時を費す勿《なか》れ金を費す勿れ、此二の者を巧に用べし。はたらきとけんやくとを棄《すつ》れば成るべき事なし。はたらきとけんやくとを守れば成らざる事なし**』」

フランクリン人気の理由

『童蒙おしへ草』は福沢諭吉が子どもたちに生き方を学んでほしいと思って翻訳したものでしたが、福沢自身も随分と影響を受けたようです。

翻訳のなかに出てくる『プウア・リチヤルド・アルマナック』とは「貧しいリチャ

ードの暦」として後に日本でも翻訳されます。リチャードとはフランクリン自身のことです。そのリチャードがどうやって成功してきたかを百三個の教訓入りのカレンダーとして書いたもので、一七三二年から二十五年間毎年発行し、毎年一万部売れていました。

そこに書かれていた教訓を福沢諭吉も翻訳しています。

・ねぶたくば飽くまで寝れ棺の中
・早く寝早く起れば智恵を増し身は健に家は繁昌
・朝寝する狐は鳥にありつかず
・今日と云ふ其今日の日に働て今日の仕事を明日に延すな
・滴も絶えねば石に穴をあけ

当時の一万部というのは相当な部数だったでしょう。そしてその教訓が当時のアメリカの人たちに及ぼした影響は計り知れません。

福沢諭吉も〝リチャード〟の教訓の一つである〝Time is Money〟を額に入れて掛けていたそうです。

正岡子規もまたフランクリンの信奉者でした。『フランクリン自伝』を読んだ子規が『病牀六尺』のなかで「貧乏なる植字職工のフランクリンが……著々として成功して行く所は、何とも言はれぬ面白さであつた。此書物は有名な書物であるから、日本にも之を読んだ人は多いであらうが、余の如く深く感じた人は恐らく外にあるまいと思ふ」と述べるほどでした。

『フランクリン自伝』はフランクリンが亡くなるまで自らの手で書き続けられたものですが、出版されるや世界的なベストセラーになりました。日本でも明治中期以降、青年たちがこぞって原書で読む、いわば明治の若者の必読書となっていたようです。

『フランクリン自伝』が書かれたおよそ百年後に日本人が読んだのですが、その百年の間にアメリカは世界をリードする大国に成長していました。彼の自伝を読むと、アメリカ発展の大本がフランクリンの精神性にあった、しかも意外なことに、フランクリンは日本人と共通する勤勉さと倹約の精神を説いていたのです。

明治の青年たちはそうした精神なら自分たちも共有することができるのではないかと勇気を得た、それがフランクリン人気の一つの理由だったと思います。

二十代で身につけた勤勉と倹約の精神

アメリカ独立前の時代、ともすれば荒んだ生活に流されるなか、フランクリンはどのようにして、勤勉と倹約を身につけていったのでしょうか。その根本にはキリスト教の精神がありました。

一五〇〇年代、ヨーロッパから多くの移民がアメリカ大陸にやってきました。当初の移民はカトリック教徒で、比較的奔放で自由な考え方を持っていました。それに加えて当時のアメリカ移民は生きていくことだけで精一杯で、なかなか自分をコントロールできない男たちも多かったようです。

ところが一六〇〇年代に入ると、ヨーロッパで迫害されていたプロテスタントの人たちが新天地を求めてアメリカにやってきます。プロテスタントは勤勉で、勤労を重んじる禁欲的な面が濃いという特徴があります。フランクリンの父、ジョサイアがアメリカにやってきたのが一六八三年のこと、父もまたプロテスタントの典型的人物だったと言ってもいいかもしれません。

勤勉で信仰心の篤いプロテスタントの父に育てられたフランクリンでしたが、社会に出ると多くの堕落した人と接します。酒を飲み、博打をし、無駄遣いをして身を持ち崩していく人も見てきたことでしょう。そうした人たちをいわば反面教師として自らを律していったのです。やがて、その日暮らしの労働者たちに勤勉の大切さはもちろん、酒の飲み方、食事の摂り方までアドバイスしていくようになったのでした。

そうはいってもフランクリンが生涯にわたって熱心なキリスト教徒であったわけではないようです。しかも二十代の早い時期に「見切り」をつけているほどでした。『フランクリン自伝』によると二十二歳の時のことでした。フィラデルフィアでただ一人の長老教会派（プロテスタント）の牧師の集会に誘われて参加しました。その日のテーマが「道徳」に関するものだったため、期待も少しはあったようです。ところが牧師の話は「『聖書』を怠らず読め。礼拝に参加せよ。牧師に尊敬を払え」といったことに終始していたため、愛想をつかしてしまうのです。

そしてこう決意します。

「私が道徳的完成に到達しようという不敵な、しかも困難な計画を思い立ったのはこの頃のことであった。私はいかなる時にも過ちを犯さずに生活し、生れながらの性癖や習慣や交友のために陥りがちな過ちは、すべて克服してしまいたいと思った。自分は何が善で何が悪であるかは分っている、あるいは分っていると思うから、つねに善を為し、悪を避けることができないわけはあるまいと考えたのである」

こうして生まれたのが、

「第一　節制　飽くほどに食うなかれ。酔うまで飲むなかれ」

で始まる「十三徳」でした。

この世のいかなる役でも演じたフランクリン

「十三徳」を著したのはわずか二十五歳の時でした。いってみれば二十代の半ばですでに人生の基礎となる事業を興し、その哲学まで確立してしまったのです。「十三徳」に関しては第四章で詳しく解説することにして、ここでは二十代後半以降のフランクリンの活動に触れておきます。

「貧しいリチャードの暦」を出したのが、二十六歳。この年齢で自分の生き方の柱になるようなものができていたことに驚くばかりです。

三十代になると、『童蒙おしへ草』にも書かれているように公職につくようになっていきます。まずはペンシルベニア州会の書記に選ばれ、以後二十五年間再選されます。さらに火災に関する論文を書いたことがきっかけとなって消防組合を創設したり、フィラデルフィア郵便局長に指名されたりと忙しい日々を送ります。

しかし、勤勉なフランクリンはまだまだやるべきことを見つけていきます。それを自伝でこう書いています。

「(フィラデルフィアに関して) 遺憾に思う点が二つあった。それは町の防衛と青年の完全な教育のための施設、つまり義勇軍と大学がないことである」

フランクリンはすぐに行動に移す男でした。大学設立の草案を起草し、防衛のための趣意書を書きます。それが好評を博し、フランクリンが中心となってプロジェクトが動きだし実現していくのです。

そういえばフィラデルフィアにアメリカ初の公共図書館を設立したのもフランクリンでした。一七三一年、二十五歳の時でした。

自らも本が好きで勉強熱心だったフランクリンは、多くの人たちが学べる環境を整え、国民のレベルを高くしようと考えたのです。それが大学設立にまでつながっていくのです。アメリカの向上心、競争心のルーツの一つもまたフランクリンにあったという所以です。

同時にフランクリンは現在のストーブの原型にもなっている熱効率がよく暖かいストーブを発明したり、電気の実験にも夢中になっています。

こうして見てくるとフランクリンという人物は超人かと思うほど多彩な人物でした。

『白鯨』で知られるメルヴィルはフランクリンのことを次のように評しています。

「『フランクリンは、印刷屋、郵便局長、暦作り、随筆家、化学者、雄弁家、修繕屋、政治家、ユーモア作家、哲学者、サロンでの人気者、政治経済学者、家政学の教授、大使、起業家、格言作家、薬草医、機知に富んだ才人』など、詩人以外のあらゆるもの、『この世のいかなる役でも演じることができた』」

どれか一つだけでも立派な人生です。もしたとえば私が避雷針を作っていれば、それだけで何冊も本を書いたかもしれません。しかし、自伝ではほんの少し触れているだけです。そんなことは取るに足りないと言わんばかりです。事実、もっとさまざまなことを考え、実現してきたのですから。

『フランクリン自伝』は五十三歳のあたりで終わっています。八十四歳でなくなるまで時間を見つけては書き続けていましたが、五十三歳のあたりを書いている時に命尽きたのでした。

もちろん五十代以降もさまざまな活動をしています。そのなかでも最も偉大な仕事は、アメリカの独立に大きな貢献をしたことでした。

アメリカ独立の立役者となる

ここでアメリカ独立に至る経緯に少し触れておきましょう。

一七六五年頃からイギリス本国とアメリカの植民地は緊迫した状況にありました。その大きな原因は英国議会が印紙法（一七六五年）、茶法（一七七三年）などを制定して税を課したことでした。これに激怒した植民地の住民は税制に抗議し、一七七五年、アメリカ独立戦争の火ぶたが切られるのです。

その翌年の一七七六年五月、フィラデルフィアで大陸会議が開かれます。審議会のメンバーはトーマス・ジェファーソン、サミュエル・アダムスといった著名な人物でしたが、そのなかにフランクリンもいたのです。会議では母国から独立するという結論に至ります。

六月にはフランクリンを含む五人のメンバーからなる独立宣言起草委員会が発足し、宣言案を作成します。

そして七月四日の大陸会議で満場一致で承認され、十三の植民地が独立することを宣言するのです。

独立を宣言したものの英国軍はニューヨークを占領し続けます。

フランクリンが大使としてフランスに渡ったのはそんな時でした。アメリカとしてはヨーロッパの国の後ろ盾が欲しかったのです。なかでもヨーロッパでイギリスに次いで強国だったフランスを味方につけたかったのです。それが実現するかどうか、つまりアメリカの独立がヨーロッパの他の国に認めてもらえるかどうか、それがフランクリンの肩にかかっていたと言ってもいいかもしれません。

『ベンジャミン・フランクリン、アメリカ人になる』という本があります。ピューリッツア賞を受賞した歴史家ゴードン・S・ウッドという人が書いた本で、事業家としてのフランクリンではなく、アメリカ独立を軸にした歴史のなかで活躍したフランクリンに光を当てて書かれた本です。

その本のなかでもフランクリンのフランス行きは一つのクライマックスとして描かれています。

「フランクリンは世界に対してアメリカを代表するという新しい役割に気持ちの面で準備を整えていた」

「一七七六年には、フランクリンこそが地上で最強の国家と戦うのに合衆国が有する最も有力な武器であった」

「最強の国家」とはもちろんイギリスのことです。

フランスに行く前からフランクリンは有名人でした。電気に関する実験で知られていたし、エッセイなども翻訳されて多くの読者がいたのです。

そしてフランクリンがフランスに到着するや熱烈な歓迎を受けるのです。科学者であり、成功した実業家、そしてエッセイストでありながら、素朴で勤勉な人物、それがフランス人の捉えたフランクリンであり、それがアメリカ合衆国の象徴そのものとして映ったのです。つまり、

フランクリン＝公共精神を持つ新しい道徳的国民＝アメリカ合衆国

それに対して、

旧弊な腐敗した国民＝イギリス

という図式ができあがったのです。

フランクリン自身もそうした自分をアメリカの大義のために利用しました。フランクリン人気は日を追って盛り上がり、「暖炉の上にフランクリンの彫像を置く」のが当時の流行になったほどでした。いや、彫像だけでなく、メダルや煙草入れ、菓子箱、ハンカチ、ナイフといったものにまでフランクリンの顔が入っていたといいます。

こうした熱狂にも後押しされてフランクリンは外交面でも動きます。その結果、一七七八年、フランスは二つの条約をアメリカと結びます。一つは通商協定であり、もう一つはアメリカ独立を保障する軍事同盟でした。そして一七八三年にパリ条約がアメリカとイギリスの間で結ばれ、アメリカの独立戦争は終結します。もちろんこの時にもフランクリンはアメリカ代表として出席しています。

フランクリンは約八年間をフランスで過ごし、一九八五年、フィラデルフィアに戻ります。フィラデルフィアでは歓迎する群衆と鐘の音で迎えられます。まさに「フランクリンこそ建国の父」と多くのアメリカ人に認められた瞬間でした。

そして〝資本主義の父〟となる

この章の最後に、フランクリンが〝アメリカ建国の父〟というだけでなく、〝資本主義の父〟〝資本主義精神の象徴〟といわれるきっかけとなった『プロテスタンティズムの倫理と資本主義の精神』にも触れておきましょう。その本はドイツの社会学者であるマックス・ウェーバーによって一九〇五年に書かれたもので、今なお世界的に読まれている本です。

その本のなかでウェーバーはフランクリンの言葉を紹介しています。

・時間は貨幣だということを忘れてはいけない。一日の労働で十シリング儲けられるのに、外出したり、室内で怠けて半日過ごすとすれば、娯楽や懶惰《らんだ》のためにはたとえ六ペンスしか支払っていないとしても、それを勘定に入れるだけではいけない。ほんとうは、そのほかに五シリングの貨幣を支払っているか、むしろ捨てているの

だ。

- **信用は貨幣だということを忘れてはいけない。**
- **貨幣は繁殖し子を生むものだということを忘れてはいけない。**
- **支払いのよい者は他人の財布にも力をもつことができる。**
- **信用に影響を及ぼすことは、どんな些細なおこないでも注意しなければいけない。**

フランクリンは「善徳が有益だとわかった」と述べています。有益とは単に物質的生活の要求を満たすということではなく、それこそが人生の目的だとしています。ともかく一生懸命仕事をする、与えられた職業をまっとうする、そうした有能さこそが大事なんだ、と。

フランクリン自身は前にも書いたように宗教とは距離をおいていました。それよりも道徳そのものに興味があったと言います。フランクリンにとっては宗教を信じていようがいまいが、誠実に働き、誠実に、正直に生きることが何より大事なのだということなのです。

しかしウェーバーは言います。

「『なぜ「人から貨幣をつくら」ねばならないのかと問われれば、ベンジャミン・フランクリンは自伝で、彼自身どの教派にも属さない理神論者であったにもかかわらず、聖書の句（中略）を引用しながらこう答えている、『あなたはそのわざ（Beruf《ベルーフ》）に巧みな人を見るか、そのような人は王の前に立つ』と。貨幣の獲得は（中略）近代の経済組織の中では、職業（Beruf／職業という意味と神から与えられた使命という意味を含んでいる）における有能さの結果であり、現われなのであって、こうした有能さこそが、もう容易に分かるように、フランクリンの前掲の文章だけでなく全著作に一貫して見られる、彼の道徳のまさしくアルファでありオメガとなっているのだ」

そしてこれこそが〝資本主義の精神〟だとウェーバーが説いているのです。

ともかく倹約し、誠実に働き、仕事をまっとうすることこそが人生の幸福のために重要だとするフランクリンが、ウェーバーによって〝資本主義の父〟と位置付けられるようになったのです。

第三章

渋沢栄一の足跡

——国家社会の為に此の事業を起こす

日本が大きく変わろうとする時代に生まれ育つ

渋沢栄一はフランクリンから遅れること百三十四年、一八四〇年に現在の埼玉県深谷市血洗島の農家の長男として生まれました。農家とはいえ、渋沢が生まれ育った頃の深谷は養蚕と藍玉の生産が盛んで、その生家は血洗島村の渋沢一族のなかでも「中の家」と呼ばれる本家筋でした。当時「中の家」の藍玉の年商は一万両を超えたと言われるほど裕福な農家でした。

栄一の父の市郎右衛門は勤勉で村人たちの信望も篤かったようです。学問も四書五経程度は楽に読み、武芸にも熱心でした。

栄一も六歳の頃から『論語』の手ほどきを受け、七歳になると十歳年上の従兄、尾高新五郎から四書五経や『史記』『日本外史』などを学びました。また、十二歳になると神道無念流を学び、剣術も身につけていきました。

同時に幼い頃から藍葉の仕入れにも父に同行し、十四歳になった時、初めて一人で藍葉の仕入れに出たといいます。最初は子どもに何がわかるかと相手にされなかったようですが、藍葉を品定めする言葉があまりにも達者でしかも的を射ていたため、すぐに認められて取引に応じてくれたというエピソードが残っています。

学問、剣術、商いと、当時のエリート教育をうけて育ったような子どもだったのです。真面目で利発だった渋沢は何をするにも熱心に取り組んだようです。

逞しく成長していく渋沢とともに、時代もまた大きく変化していきます。

一八五三年、ペリーが黒船を率いて浦賀に来航し、その翌年には日米和親条約が結ばれます。さらに一八六〇年、桜田門外の変が起こり、尊王攘夷派と開国佐幕派の対決が鮮明になっていきます。まさに日本が大きく変わろうとする時代に渋沢は多感な十代を過ごしたのでした。

渋沢がどんな時代に生きたか。同時代の人を見ればさらに想像も膨らむでしょう。西郷隆盛、勝海舟、吉田松陰は十歳ほど年上、坂本龍馬、福沢諭吉は五歳ほど年上、高杉晋作、大隈重信、伊藤博文はほぼ同じ年頃でした。当時の志のある若者と同様、十代の渋沢はすでにこの頃から、この国がどうあるべきか、そのために自分は何をすべきかということが常に頭にあったのでした。

ヨーロッパで資本主義の洗礼に遭う

渋沢がまず洗礼を受けたのは尊王攘夷でした。学問の師であった従兄の尾高新五郎は「尊王攘夷」を唱える水戸学に傾倒していて、渋沢もその影響を受けていました。一八六一年、父を説得して江戸に出た渋沢は倒幕の仲間を集めます。そして手始めに高崎城の乗っ取りを計画するのです。しかし、実行寸前で仲間に説得されて中止になります。

二十一歳の渋沢栄一はその後、どのように幕末、維新、そして明治の時代を生きていったのでしょうか。一言で言えば時代に揉まれたというよりも、見事に状況を判断し、時代の波に乗って自らの船を進めていくのです。

尊王攘夷の夢破れた後、面識があった一橋家の家老並・平岡円四郎《えんしろう》の勧めで一橋慶喜に仕官します。間もなくその慶喜が十五代将軍となると、パリでの万国博覧会の随行員の一人に選ばれます。

外国を討つと血気盛んだった時期からわずか六年後、一転してヨーロッパの最先端の社会に触れるため、パリだけでなくヨーロッパ各国を一年ほど視察するのです。

この時渋沢はヨーロッパの繁栄の基本にあった資本主義の社会にどっぷりとつかったのでした。渋沢は真綿のようにヨーロッパの文化や社会の仕組みといったものを柔軟に、しかもどん欲に吸い取っていきました。なかでも渋沢が興味を示したのは資本主義のシステムでした。それを一言で言うと銀行を中心にした資本主義の社会です。

お金を持っている大衆が銀行にお金を預ける。そして、お金を集めた銀行は、意欲と才能、行動力のある人にそのお金を貸して事業を興すようにするのです。そこで儲けを出して利子を付けて銀行にお金を戻す。一方、お金を預けた人には利子を付けて戻す――体のなかを血液が巡るように、社会にお金という血液が巡る、それが資本主義社会であり、その血液を巡らせるための心臓にあたるのが銀行なのだという考え方です。それまでの日本にはまったくない考え方、システムでした。

そして、渋沢は思います。

「ともかく日本が列強と肩を並べるには資本主義をもとにした経済力がなくてはならない」

いかにこの国を一流国にするか

一八六八年、渋沢たちがヨーロッパを視察しているまさにその時、明治維新が起こります。渋沢が仕えていた徳川慶喜が大政奉還を行い、江戸幕府は終焉を迎えると、視察団一行はすぐさま帰国することになりました。

帰国後、渋沢は慶喜のいる静岡に留《とど》まります。その静岡で渋沢は渡欧の経験を生かして日本でも資本主義を定着させるために、銀行兼商社である「商法会所」を設立します。一般の人たちから預金を集める一方、事業を興そうとする人に貸し付けるというものです。また、京阪方面で仕入れた米穀や肥料を藩内で販売しました。これが日本の会社組織の最初だと言われます。

しかし、新政府も渋沢のような人材を放っておきはしませんでした。できたばかり

まげを切った渋沢栄一

まげ姿の渋沢栄一

の大蔵省からすぐに声がかかります。「商法会所」をたちあげたばかりの渋沢は断るつもりで大蔵省に出向きます。その渋沢を待ち構えていたのが、説得上手の大隈重信でした。

「今、新政府はみんなで智慧を出し合い、つくっていこうとしている。つまりみんなが八百万《やおよろず》の神なのだ。君もその神々のなかの一柱として迎えた……もし君が仕官を断れば慶喜公が新政府に盾ついたと取られかねない。それは慶喜公にとってもよくないではないか……」

　大隈にそうまで言われ、渋沢は国づくりに参画することになるのです。

振り返ってみると渋沢の二十代は次々と変化を遂げていきます。倒幕を掲げながら幕臣となる、攘夷を声高に叫びながら洋行する。滞在中はヨーロッパの文化にどっぷりと浸かり、髷もいち早く切ってしまい、西洋人のような姿で写真にまで写っています。そして帰国後はさっさと新政府の官僚に収まってしまうのです。そんな渋沢のことを、当時は「変節漢」と呼んで批判する者もいました。

確かに転換が早く、いかにも一貫性がないように感じるかもしれません。しかし、渋沢のなかでは明確な一貫性がありました。

「なんとしてもこの国を国難から救い出し、一流国へと育てなくてはいけない」

というシンプルでありながら壮大な思いが、すべての行動を貫いていたのです。

たとえば外国人を斬ってまわれば一流国になるのか、いや、それを口実に攻め込まれ、アヘン戦争で叩かれた清国のようなことになってしまうかもしれない。

それよりも、日本よりはるかに進んでいる外国に学ばなくてはいけない。新しい体制になれば、世界と肩を並べるために、何よりも近代化を急がなくてはならない、そんなふうに渋沢のなかでは一貫性があったのです。

私は論語で一生を貫いてみせる

渋沢が大蔵省にいたのはわずか四年ほどでした。明治六年、予算編成を巡って大久保利通や大隈重信と対立し、大蔵省を退官し、実業界に身を投じるのです。

当時のことを渋沢は後に『論語と算盤』のなかで次のように述べています。

「私の辞したのは喧嘩ではない、主旨が違う、私の辞職の原因は、当時の我国は政治でも教育でも着々改善すべき必要がある、しかし我が日本は、商売が最も振わぬ、これが振わねば日本の国富を増進することができぬ、これはいかにしても他の方面と同時に、商売を振興せねばならぬと考えた」

渋沢の生き方を生涯貫く『論語』との関係ができたのもこの時でした。

「明治六年官を辞して、年来の希望なる実業に入ることになってから、論語に対して特別の関係ができた、それは始めて商売人になるという時、ふと心に感じたのは、これからはいよいよ錙銖《しゅし》の利もて世渡りをしなければならぬが、志をいかに持つべきかについて考えた、その時前に習った論語のことを思い出したのである、論語にはおのれを修め人に交わる日常の教が説いてある、論語は最も欠点の少ない教訓であるが、この論語で商売はできまいかと考えた、そして私は論語の教訓に従って商売し、利殖を図ることができると考えたのである」

辞職の時、同じ役人のなかで数少ない友人であった玉乃世履《たまのよふみ》（後に最高裁判所長官になる）に「賤しむべき金銭に眼が眩み、官を去って商人になるとは実に呆れる、今まで君をそういう人間だとは思わなかった」とまで言われます。それに対して渋沢はこう答えています。

「私は論語で一生を貫いて見せる、金銭を取扱うが何故賤しいか、君のように金銭を卑しむようでは国家は立たぬ、官が高いとか、人爵《じんしやく》が高いとかいうことは、そう尊いものでない。人間の勤むべき尊い仕事は到るところにある。官だけが尊いのではない」

合本主義で銀行を設立する

こうして実業の世界に入った渋沢がまず着手したのが、日本で最初の銀行となった第一国立銀行の設立でした。

国立とは名前が付いていますが、国が出資した銀行ではありません。国立銀行法令という国の法律に基づく第一の銀行という意味で、完全に民間の銀行でした。

この第一国立銀行設立に当たっては後年の柔和な渋沢のイメージとは違って、豪腕を発揮しました。ヨーロッパ視察で学んだ、銀行を中心にした資本主義社会、つまり多くの人たちの金と力を集めて経済を発展させていくという資本主義社会をつくるために妥協することはできなかったのです。

銀行の設立は江戸時代から御用商人だった三井組や小野組などが、私立銀行創立を計画して当初から大蔵省に申請をしていました。なかでも新政府と結びつきが強かった三井組は三井の全額出資で銀行の設立を目指し、日本橋兜町に三井銀行の本店を置くため、洋風五層楼の三井組ハウスを建てるほどでした。

それに対して渋沢はあくまで合本による銀行設立を主張したのです。つまり、三井組、小野組だけでなく「会社を運営するために最も適した人材や資本を集めて事業を行う」合本主義での銀行の設立を目指したのです。

三井組はさまざまな人脈を頼って大蔵省に詰め寄ります。しかし、渋沢の決意は変わりません。それどころかあまりのしつこさに渋沢は政府官金の取り扱いの権利を三井組から取り上げるという方策に出ます。ここでようやく三井組は鉾を収めるのです。

さらに渋沢は第一国立銀行の本拠とするため三井組ハウスの明け渡しまで呑ませてしまうのです。

こうして生まれた第一国立銀行は資本金三百万円、そのうち二百万円を三井組、小野組が引き受け、残りの百万円を公募しました。渋沢は頭取の上の総監督という役職に就き、事実上の責任者となったのです。

先にも書いたように、渋沢はパリにいてフランスの社会をその目で確かめ、近代化のためには何が必要かを学びました。その時、近代社会を動かしているのは会社だと気づいたのです。

渋沢によれば、一八六七年にヨーロッパ各地を巡遊した時に、「事業が合本組織で非常に発展していることと、官民の接触する様子がとても親密であることに驚き、合本組織で商工業が発達すれば自然商工業者の地位が上がって、官民の間が接近してくるであろうと考えた」と述べています。

渋沢は「合本会社」という表現をしていますが、「会社を運営するために最も適した人材や資本を集めて事業を行う」という現在の株式会社の原型とも言うべきシステムを根付かせようとしたのです。

事業を興し、推進するためになくてはならないものは潤沢な資本です。その資本を確保するためには国内の遊休資本を有効に利用しなくてはいけません。士農工商という身分制度を超えて、資本を広く集めることが必要だったのです。そのために渋沢は次のような銀行の広告文まで作っています。

「そもそも銀行は大きな川のようなものだ。役に立つことは限りがない。しかしまだ

銀行に集まってこないうちの金は、溝にたまっている水や、ぽたぽた垂れているシズクと変わりがない。時には豪商豪農の蔵の中に隠れていたり、日雇い人夫やお婆さんの懐《ふところ》にひそんでいたりする。それでは人の役に立ち、国を富ませる働きは現わさない。水に流れる力があっても、土手や岡に妨げられていては、すこしも進むことはできない。ところが銀行を立て上手にその流れ道を開くと、倉や懐にあった金がより集まり、大変大きな資金となるから、そのおかげで、貿易も繁昌するし、産物もふえるし、工業も発達するし、学問も進歩するし、道路も改良されるし、すべての国の状態が生まれ変わったようになる」

すべては国家社会のために

銀行のシステムを作った渋沢は、そこから次々に会社を設立していきます。そうしてできた会社は江戸時代の商店とはまったく違うものでした。つまり多くの人が銀行にお金を預け、そのお金を借りた人が事業を運営するという、まさに現代の株式会社だったのです。

そのシステムをもとに渋沢は次々と企業の設立に関わっていきます。しかも会社をつくる目的は決して自分が儲けようというものではありませんでした。その念頭にあったのはあくまで「近代的な社会」をつくるための会社でした。鉄道、造船、鉱山、製糸業など国によって運営された殖産興業もありましたが、近代化のためにはそれだけではとても間に合いません。

渋沢の業績のなかで、私が特筆すべきだと思うのは、渋沢が何社ものセメント会社と、製紙会社の設立に関わっていることです。

当時の日本は木造建築ばかりでしたが、近代国家になるために渋沢が必要だと考えたのは、頑丈な建物を造ることでした。建物は木でできているものという概念が通底していた明治期日本において、渋沢は時代の先を読み、それならばまずセメント会社が必要だと思い至り、その後もいくつものセメント会社を設立していくのです。

そして、もう一つの重要な業績が、製紙会社の設立です。江戸時代までは和紙に筆で書くことで間に合っていました。しかし明治に入ると、いくつもの会社が起こり、学校制度も定まり、大量の紙が必要となってきました。これからはもっと多くの紙が必要になってくるだろう。それならば洋紙を輸入するのではなく国内で作ってしまおうと、王子製紙の前身となる製紙会社を設立するのです。

その当時、もっと儲かるものは何かと考えれば、他にも相応しい業態はあったかもしれません。しかし渋沢が第一に考えたのは、国をつくるために今必要なものは何か、ということでした。

それにしても仮に今私たちが「近代国家に必要なものは何か」と問われて、「セメントと紙」だと即座に答えられる人が一体どれだけいるでしょうか。その先見性と決断力には驚くほかありません。

また、渋沢は製紙会社を設立する時に**「国家社会の為に此の事業を起こす」**という言葉を残しています。

江戸時代までは和紙の職人さんがいい紙を一人で作っていればよかったのです。家を造る大工、左官屋さん、傘をはったり、浮世絵を刷ったりする職人さんがいれば十分でした。

しかし、明治となり、世界の国々と肩を並べる存在になるためにはそれだけでは駄目なのです。江戸時代のように職人さんが自分の仕事だけに専念しているだけの社会では鉄道も敷けない、軍備も整えられないのです。

人々が力を合わせ、銀行に集まったお金をエネルギーにして事業を興す。その事業によって近代化に必要なものを作っていくのです。こうして渋沢が立ち上げた企業は銀行（第一国立銀行／現みずほ銀行）、セメント業（秩父セメント／現太平洋セメント）、製紙業（王子製紙／現王子製紙・日本製紙）にはじまり、ガス事業（東京瓦斯／現東京ガス）、保険業（東京海上保険／現東京海上自動火災保険）、ホテル業（東京ホテル／現帝国ホテル）、鉄道（東急電鉄、秩父鉄道、京阪電気鉄道）、紡績（東洋紡績）、酒造（キリンビール、サッポロビール）などがあります。

こうした事業は単に近代化に必要なものを提供するだけに留まらず、経済活動が活発になることで国家の税収が増えていき、それによって鉄道が敷かれ、軍備が増強していく。つまり国を内側から強くする事業でもあったのです。

「国家社会の為に此の事業を起こす」ことに徹した渋沢はこうして五百もの会社の設

立に関与しながら財閥を作ることなど眼中にありませんでした。

まさに渋沢は日本を一流国にするために産業を興し、文字通りこの国をつくっていったのです。

アメリカでフランクリンが資本主義の種を植え、その百年後に渋沢栄一が日本での資本主義の花を咲かせているのです。この二人がいたからこそ、現在のアメリカが、そして日本があったと言っても過言ではないのです。

第四章

フランクリンの「十三徳」

名言も行動が伴わなければ絵に描いた餅

アメリカ合衆国が独立を果たし、資本主義社会で大きな発展を遂げた、その立役者の一人がベンジャミン・フランクリンでした。そのフランクリンの精神的支柱となり、行動の規範となっていたのが自らが作った「十三徳」でした。

「十三徳」に則って行動することで、フランクリンが大きな仕事を成し遂げたと言ってもいいかもしれません。「十三徳」は今から二百七十年ほど前に作られたものですが、その内容はいまだ色あせることなく、現代の日本人、ビジネスマンにも通用する箇所がいくつもあります。

本章ではその「十三徳」を中心に話を進めましょう。

第二章で解説したように、フランクリンは教会から道徳的な教えを受けることは諦め、そのかわり自分自身で道徳的完成に到達しようと考え、「十三徳」の教訓を作りました。教訓を作るだけなら多くの人が作っています。フランクリンの素晴らしいところは、ただ教訓を作るだけではなく、「いかにそれを身につけるか」というところまで考え、実行しているところです。『フランクリン自伝』で当時のことをこう述べています。

「確実に、不変に、つねに正道を踏んで違《たが》わぬという自信を少しでもうるためには、まずそれに反する習慣を打破し、良い習慣を作ってこれをしっかり身につけねばならない」

フランクリンは「道徳」を「行動」と捉え、それを繰り返すことで「悪い習慣」をやめて「良い習慣」を身につけることが必要だというのです。

フランクリンからおよそ百年後に活躍したアメリカの哲学者ウィリアム・ジェームズが残した有名な言葉があります。

心が変われば行動が変わる
行動が変われば習慣が変わる
習慣が変われば人格が変わる
人格が変われば運命が変わる

まさにこれを地でいくようなフランクリンの言葉ではないでしょうか。しかもこれをウィリアム・ジェームズより百年も前に書き、しかも行動に移しているのです。渋沢栄一が『論語』をただ読んだだけでなく実際に行動の規範にしたように、フランクリンも「十三徳」を徹底的に実践したのです。

「この世」で幸せになるためのルールを作る

「十三徳」の説明に入る前にもう一つ、フランクリンがなぜ「十三徳」を作り、実行しようとしたかについて触れておきたいと思います。それもまた「自伝」のなかで説明しています。

「ある種の行為は天啓によって禁じられているから悪いのではなく、あるいは命じているから善いというのでもなく、そうではなくて、それらの行為は、あらゆる事情を考え、本来われわれにとって有害であるから禁じられ、あるいは有益であるから命じられているのであろうと私は考えた」

「従って来世の幸福を望む者はもとより、現世の幸福を望む者にとっても、徳を積むことは有利なのだ」

さらに畳み掛けるように続けます。

「世には仕事を正直にやってくれるような人間を求めている裕福な商人、貴族、国家、あるいは諸侯などがいつもいるものだが、そんな正直者は甚《はなは》だまれであるという事情から、正直と誠実とは、貧しい者が立身出世するのにもっとも役立つ徳であることを、

若い人々に悟らせるようにしたいと思った」

私の「十三徳」を守れば、必ずや立身出世すると断言しているのです。しかも、フランクリンは若い人が「十三徳」を「悟る」だけでは満足せず、それをどう身につけるかまで説いています。

つまり、
まずは良い習慣を徹底する。
そして、
習慣が変われば人格が変わる。

たとえば野球では、繰り返しスイングすることで悪い癖を矯正し、良い習慣＝フォームを身につける練習をします。フランクリンによれば、生き方も同様だということです。

フランクリンが説いているのは、非常に合理的な、この世を生きる術と言ってもいいでしょう。

その目的は、「あの世」で天国に行くルールに従って生きるのではなく、「この世」で自らが作ったルールに従って生きて幸せになることでした。普段どんないい加減な行動をしていても、神を信じ教会に行くことですべてが救われるということではなく、まずは行動が大事だということです。

これはある意味ではとても難しいことかもしれません。内面ではどんなに立派なことを思っていても、行動が伴っていなかったら駄目だということだからです。例えば内面は誠実で正直な人なのに、借金をなかなか返さない、それでもうアウトです。どんなにきれいごとを言っていても、根はいい人であっても、あの悪い習慣さえなければね、ということになってしまうのです。つまりこれでは「道徳的完成」とはならないのです。

逆に言えば、無神論で、心のなかでよからぬ考えを持っていても、実際の行動がきちんとしていれば、フランクリン的な考えではオーケーということです。

そのようにきちんと行動をするために、まずは「十三徳」を徹底することだとフランクリンは考えたのです。そうすることで、ウィリアム・ジェームズが言うように「習慣が変われば人格が変わる」という考えも念頭にあったのかもしれません。

フランクリンが「十三徳」をどのように習慣にしていったのか、その方法は後に述べるとして、まずは「十三徳」を一つひとつ見ていきましょう。

第一 節制

飽くほどに食うなかれ。酔うまで飲むなかれ。

「十三徳」にはどんな立派な教訓が並ぶのかと期待した人もいるかもしれません。ところが、その冒頭に挙げられているのが、

「食べ過ぎるな、飲み過ぎるな」

です。まるで胃腸薬のコマーシャルです。

しかし、ここに「十三徳」の素晴らしさが凝縮されていると言ってもいいのです。

「節制しましょう」

「良い人間になりましょう」

と言われると、頭ではなんとなくわかった気になっても、では一体何をすべきなのか、それがはっきりわかりません。フランクリンの「十三徳」では、徳の数が多くなり過ぎないように、意識的に数を十三の徳に限定して、明確に、具体的に行動の指針が書かれているのです。

これについてフランクリンは次のように言っています。


「私がそれまでに読んだ本には、いろいろの種類の徳が列挙してあったが、その徳目の数を見ると、多いのもあれば少いのもあった。（中略）私自身は明確を期するために、少数の名称に多くの意味を含ませるよりも、名称は沢山使って、各々の含む意味はこれを狭く限定しようと考えた。そこで私は、当時自分にとって必要であり、また望ましくも思われたすべての徳を十三の名称に含めてしまい、その各々に短い戒律を付けたが、それを見れば、私がそれぞれの徳をどのように解したかがはっきり分るはずである」

さて、フランクリンは「節制」とは「飽くほどに食うなかれ。酔うまで飲むなかれ」だと言っています。それは単なる健康のための教訓ではありません。

近代の資本主義とお酒はあまり相性がいいものではありませんでした。シヴェルブシュという人が書いた『楽園・味覚・理性』という本があります。これは嗜好品の変化の歴史をたどった本ですが、中世の頃は何かというと昼間からワインなどの酒を飲んでいたようです。確かにブリューゲルの絵などを見ると昼間から男たちが酔っぱらっている場面が描かれている絵がいくつもあります。

十七世紀初頭にヨーロッパにお茶やコーヒーが伝わってきました。お酒は意識を混沌とさせる嗜好品です。反対にお茶やコーヒーは、意識を覚醒させるものです。

仕事をしていて頭がボーッとして集中力が途切れてきたような時、コーヒーを飲んでしゃきっとさせることがよくあるでしょう。人々の嗜好がワイン一辺倒だったのが、お茶、コーヒーを飲むようになっていったのが、中世から近世、近代への移行と重なっているのです。

つまり、昼間から酔っぱらっていてもいいようなのんびりした時代から、いつも頭を明晰にしておいて冷静に判断しないといけない時代への移行と、お茶やコーヒーの普及とが重なるということなのです。

「節制し、真面目に仕事をしよう」と言われても、何をどう節制したらいいのかわからないでしょう。しかし、「飽くほどに食うなかれ。酔うまで飲むなかれ」と具体的に言われると、まずはやってみようかなという気持ちになるし、続けられます。飲んで酔っぱらって寝てしまうのではなく、仕事にも身が入ることにも気がつくでしょう。

こう考えていくと、「酔うまで飲むなかれ」というのは「中世から脱却」し、「近世・近代への宣言」と言ってもいいのではないでしょうか。

第二　沈黙

自他に益なきことを語るなかれ。駄弁を弄すなかれ。

フランクリンは若い頃から文章を書くのは上手でしたが、ベラベラとおしゃべりするのはそれほど得意ではないし、好きでもないようでした。無駄話をする人を見ていて、そんな〝無駄〟なことを話している場合じゃないだろう、そんな暇があればもっとできることがあるのに、と思っていたのです。

たまにユーモアのつもりで冗談を言っても、時として言い過ぎてしまい、人を傷つけてしまったり、自分の評判を落としてしまったりすることもあったようです。この教訓はそうした自分自身の経験から生まれたものでした。

哲学者のハイデガーも『存在と時間』という本の中で同じようなことを言っています。

簡単に説明すると、人間の生き方には「本来的な生き方」と「非本来的な生き方」がある。「本来的な生き方」とは死を自覚し、死を覚悟して生きるということ。「非本来的な生き方」というのは、おしゃべりをしたりしてなんとなくごまかしながら生きているということ。つまり、無駄なおしゃべりをして過ごすのではなく、自分が必ず死ぬ存在であるということをしっかりと自覚しながら生きるのが本来的な生き方だと主張しているのです。これは『葉隠』とも通じる考え方です。

もちろんフランクリンは普通に話をしてはいけないと言っているのではありません。「沈黙は金」と言っているわけでもありません。

フランクリンはいつも、どこに行っても常に良好な人間関係を保っていた人物です。フランスでも人気者だったことが示すように、ただの堅物ではなく、雑談も上手で、人を楽しませる話術もあったのです。晩年にそれができたのは、きっと若い頃に無駄な一言で人を傷つけたり、自分の評判を落としたりしたことがあったからでしょう。それを反省して「自他に益なきことを語るなかれ。駄弁を弄すなかれ」という教訓を作り、意識的に身につけたからに違いありません。

その結果、フランクリンは言います。

「この五十年間、私の口から独断的な言葉が出るのを聞いた者は恐らく一人もあるまい。私が新しい制度を提案したり、古い制度の改革を提案したりする場合、私の意見が同胞市民の間で早くから重要視されたのも、種々の公けの会議に議員となって相当勢力を振ったのも、もっぱらこの習慣のおかげであると思う（もっとも第一には誠実な男と思われていたためではあるが)。なぜかと言えば、私は元来話が下手で、弁がたったためしがなく、どんな言葉を使ったらいいか、たえず言葉の選択に迷い、言葉の間違いも多かったのだが、それでもたいてい私の意見は通ったのだから」

第三　規律

物はすべて所を定めて置くべし。仕事はすべて時を定めてなすべし。

整理整頓し、仕事時間を決めて時間通りに仕事をしよう、ということです。ごく当たり前のことではありますが、フランクリンは自伝で「規律正しくしようという計画が私には一番面倒なことであった」と告白しています。

その理由は、「店の主人という者は世間付合いもしなければならず、勝手な時間に用談に来る客にも始終応対しなければならない」また「私は子供の時からそういうやり方(物はすべて所を定めて置く)には慣れていなかったし、記憶力がずぬけてよかったので、無秩序から起る不便などはあまり感じなかった」からでした。しかし、フランクリンはなんとか自分の作った徳を実行しようと、手帳に「一日の二十四時間をどう使うかを定めた計画表」（八十一頁参照）を書き記し実行しようとするのです。

「規律」という点で日本人は世界に誇れるものがあると思います。朝早くから満員電車に乗って会社に行き、時間通りにきちんと仕事をする。少々の病気で休むなどもってのほか、無遅刻無欠勤で四十年勤め上げるという会社員も珍しくありません。

どうして日本人が規律正しいか、もともと真面目な性格だったこともあるでしょう。それに加えて明治以降に欧米から入ってきた学校教育によるところも大だと思います。登校時間から、朝礼、勉強、休み、給食、帰宅とすべて時間割通りに決まっています。そこに日本人はぴったりとはまりました。日本人は「規律」という徳を学校で身につけたのです。それが日本の発展の原動力の一つとなりました。

逆に言えば、その「規律」を徳として挙げたフランクリンの慧眼には頭が下がる思いがします。

第四　決断

なすべきことをなさんと決心すべし。決心したることは必ず実行すべし。

「あの人は決断力がある」「決断力がない」などと言います。しかし、フランクリンは「ある」「なし」ではなくて、「決断力をいかに磨くか」を具体的に説きます。つまり「なすべきことをなさん」とまず決めろ。決めたら、「必ず実行しろ」と言うのです。

「本を読まなくては」「ダイエットもしなきゃあ」と決断はします。しかし、私たちはそれをどのくらい「必ず実行」しているでしょうか。

「婚活しなきゃあ」、そう思っている人にフランクリンなら次のように言うでしょう。「でも、縁がないんだよね、と思っているかもしれないが、実際には自分ではほとんど動いてないんじゃないか。周りの人に自分は結婚しようと思っているのでふさわしい人がいたら紹介ください。つきましては自分のプロフィールはこれです、と配る。本当に決断するということはそういうことだ。こうなったらいいなと思っているのは

時間表

時間帯	時刻	内容
朝 設問。「今日はいかなる善行をなすべきか」	5 6 7	起床、洗顔、「全能の神」への祈祷。一日の計を立て、決意をなすこと。現在の研究を遂行すること。朝食。
	8 9 10 11	仕事。
昼	12 1	読書、または帳簿に目を通すこと。昼食。
午後	2 3 4 5	仕事。
晩 設問。「今日はいかなる善行をなしたか」	6 7 8 9	整頓。夕食。音楽、娯楽、または雑談。一日の反省。
夜	10 11 12 1 2 3 4	睡眠。

※『フランクリン自伝』（岩波文庫）参照

単なる願望に過ぎない」と。

決断力はもともとあったりなかったりするものではなく、自分で「決めて」「実行」することで決断力はついてくるということなのです。

第五　節約

自他に益なきことに金銭を費やすなかれ。すなわち浪費することなかれ。

一言で言えば無駄遣いをするなということです。フランクリンはこの「節約」と第六の「勤勉」が成功にとって最も大事なものだとしています。そしてこの「節約」と「勤勉」が資本主義の二本柱なのです。

実際にフランクリンは若い頃から節約に励んできました。二十二歳の時にフィラデルフィアで初めて自分の印刷所を持ちますが、その頃のことをこう言っています。

「私は印刷所のために背負った借金をだんだんに返し始めた。商人としての信用を保

ち、評判を失わぬようにするため、私は実際によく働き倹約を守ったばかりでなく、かりにもその反対に見えるようなことは努めて避けた。着るものは質素なものに限り、遊び場所には絶対に顔を出さなかった。釣りにも猟にも決して行かなかった」

さらに倹約家だった奥さんにも感謝しています。

「英国の諺に『身上《しんしょう》ふやすにゃ、女房が大事』というのがある。私同様勤勉と節約を愛する妻を持ったことは幸福なことであった。妻はパンフレットを折ったりとじたり、店番をしたり、製紙業者に売るため古リンネルのぼろを買ったりして、まめまめしく仕事を助けてくれた。役にも立たぬ召使などは一人もおかなかった。食事は簡素を旨《むね》とし、家具も一番安いものを使った。例えば朝食は長い間パンと牛乳だけで、茶は用いず、それも二ペンスの陶器の丼に入れ、白鑞《びゃくろう》のスプーンで喰べるのであった」

そういう仕事の仕方をして十年あまり、フランクリンは金の「繁殖力」を実感します。

「私の家業はだんだん手広くなり、暮しも日に日に楽になってきた」

「同時に私は、『初めの百ポンドさえ溜めてしまえば、次の百ポンドはひとりでに溜る』という諺の真実であることを実際に経験した。金というものは本来繁殖力の強いものなのである」

江戸っ子は「宵越しの金は持たねえ」などと言って気っぷのよさを自慢しました。面白可笑しくパーッと使うのはいいのですが、それでは何も残らないし、生まれません。それでは資本家にはなれないのです。江戸時代にもきちんとお金を貯める人がいました。それは成功している商家でした。そうした商家の家訓を見ると必ず「倹約をすること」という項目があります。

第六　勤勉

時間を空費するなかれ。つねに何か益あることに従うべし。無用の行いはすべて断つべし。


「節約」と並ぶ資本主義のもう一つの柱が「勤勉」です。

フランクリンが現代の日本の中高生を見たらさぞ驚くと思います。スマートフォンを片時も離さないで、「明日どうする？」などとおしゃべりをしたり、ゲームをして過ごしているからです。まさに「暇つぶし」なのだと思いますが、フランクリンにしてみれば「このかぎられた時間の中に人生があるというのに暇をつぶすとはなんてことを言うのだ。休みたいならお棺の中でゆっくり休めばいい」ということになります。

フランクリンはお金儲けが上手《うま》かっただけではなく、メルヴィルが「詩人以外いかなる役も演じることができた」と言うほどさまざまなことを学び、形にしていきました。まさに「益あることに従って」生きた人でした。

ビートたけしさんがこんなことを言っていました。

「暇にしたいなんて全然思わないんだよね。いろいろやりたいことがあってね、映画も撮りたい、本も読みたい、ゴルフもしたい。死んだらいやでも暇になるんだから、生きている間にいろんなことしておかないとね」

その話を聞いた時、フランクリンのことが頭に浮かびました。ビートたけしさんの活動の幅の広さは今さら言うまでもないことでしょう。最近は絵の展覧会まで開いていました。いつどこで描いたのかと思うほどの作品数と完成度でした。

フランクリンとビートたけしというと対極の人に感じるかもしれませんが、時間を決して空費しない、という生き方が重なってきます。

ビートたけしさんはもともとお笑い芸人なのでふざけた印象もあるかもしれませんが、実はかなり真面目な方です。一方、フランクリンは一見、謹厳実直で近寄りがたい人物に見えるかもしれませんが、ユーモアもあり、ゆったりとした人格であったようです。

いかに時間を空費しないか、私も自分なりに工夫をしています。特に私は教師をしているので、大学なら一時間半の授業をいかに密度の濃いものにするかを常に考えています。

時間を有効に使うために私が使っているのがストップウォッチです。

「はい、この問題を考える時間は三分です」

「発表は一人十五秒で」

そうやって時間を区切って進めると、もの凄く密度の濃い授業になっていきます。

ところが、

「はい、この問題できましたか？　できた人から手を挙げて発表してください」

などと時間を区切ることなくやっていると、あっという間に時間は過ぎていってしまいます。

「タイム　イズ　マネー」と言いますが、学生や生徒にとって時間は貴重なお金です。そのお金を先生に預けているのに、先生が浪費してしまっているのです。人のお金をとったら犯罪者ですが、時間を奪ってもなぜ捕まらないのかと思うほどです。

私は普段の仕事でもストップウォッチを使っています。

「よし、この仕事を一時間三十分で終えよう」

そう決めて、ストップウォッチを押します。なんとなく「さあやるか」と始めるよりも、ずっと仕事の密度が濃くなります。一時間で終わったら、残りの三十分は別のことができます。そうやって進めていくと、自分の想像以上に仕事が捗《はかど》り、広がっていくのです。

「節約」と「勤勉」に努め、一日のスケジュールを決めてその通りに進めようとするフランクリンを見ていると、禅宗のお坊さんが頭に浮かびます。

禅の修行をしているお坊さんは遊び場所に近寄るわけではなく、着るものも食事も質素を旨とします。夜明けとともに起きて掃除をし、座禅を組み、食事も決められた時間に速やかにすませます。ただ掃除をしたり、お経を読んだり、座禅で座っているだけに見えますが、規則正しく毎日繰り返すことで精神が鍛えられていくのでしょう。「一日なさざれば、一日食うべからず」という禅の言葉がありますが、まさに勤勉な精神で毎日を送っているのです。

そうやって心のメンテナンスをし、精神を鍛えた人が、いざ仕事をしようとするともの凄い集中力が出るのです。精神を養うことと仕事に集中することは密接につながっているのです。

禅と資本主義の精神というと一見まったくかけ離れたものに見えますが、この二つが結びつくと大変なパワーになるのです。
フランクリンはまさに十三徳によって自らの精神を磨いていった人なのでしょう。

第七　誠実

詐《いつわ》りを用いて人を害するなかれ。心事は無邪気に公正に保つべし。口に出すこともまた然るべし。

第八　正義

他人の利益を傷つけ、あるいは与うべきを与えずして人に損害を及ぼすべからず。

第七と第八はごくシンプルな徳目なので一緒に説明しましょう。

フランクリンによれば、「誠実」とは、騙さない、嘘をつかない、心の中はいつも無邪気でいるということです。

東洋でも昔から誠実さを大事にしてきました。『論語』などでもしょっちゅう出てきます。「できないことは約束しない」「言葉と行動を一致させる」、それが誠実ということです。

あるいは『論語』にある「巧言令色鮮《すく》なし仁」のように、口ではうまいことばかり言う人に誠実な人はあまりいない、とも言います。

もう一つの「正義」については、「正義感を持つ」とか「社会正義を貫く」など、人によってその捉え方はさまざまでしょう。しかしフランクリンの考える正義はそうした難しいことではなく、「人の利益を害するようなことはするな」というシンプルなものです。

日本人は昔から『論語』などで「誠実」「正義」を学び、親からもうるさく言われたせいもあり、この二つはきちんと身についた徳目だったと思います。

フランクリンは若い頃から無一文で世に出て、会社を成功させるまでさまざまな人を見ていて、「誠実」「正義」が大切なことを学んだのでしょう。

『フランクリン自伝』では「誠実」や「正義」にはあまり縁のなかった知人のことが書かれています。

「彼（フィラデルフィアの印刷業の同業者・キーマー）の徒弟のデイヴィッド・ハリーは、私が彼の店にいたとき仕込んでやった男だが、キーマーから道具を買って彼に代ってフィラデルフィアで開業した。ハリーには相当顔のきく有能な友人があったから、私も最初はこれは強敵が現れたぞと心配したものだ。（中略）彼は非常に傲慢で、紳士のような服装をして、奢った暮しをし、家を外に遊び歩き、借金をこしらえ、商売にはちっとも身を入れなかった。そのためやがて仕事はすっかりなくなってしまい、しようがないので、キーマーの後を追ってバルバドス島へ渡り、印刷所もそこへ移した。ここでこの徒弟は昔の主人を職人に雇ったが、二人は喧嘩ばかりしていた。ハリーはいつも借金に追われて、けっきょく活字を売り払い、ペンシルヴェニアへ帰って百姓をしなければならなくなった。その活字を買い受けた人が、キーマーを雇って店をやったが、数年後キーマーは死んだ」

第九　中庸

極端を避くべし。たとえ不法を受け、憤りに値すと思うとも、激怒を慎むべし。

『論語』にも「中庸の徳たる。其れ到れるかな」という文言があります。中庸というのが最高の徳である、ということです。つまり極端なことをしないということですが、中庸が大事だということは『論語』にかぎらず多くの人が口にしています。

例えばデカルトは『方法序説』のなかで、こう言っています。極端なことをすると、間違っていた場合、修正するのが難しい。ところが、良識のある人たちがおよそいいと言っていることをしていれば、間違っていてもすぐに修正できる。

あるいは貝原益軒も『養生訓』で、ほどほどが一番いいと言っています。腹十分でなく七分いや六分でいい、中庸を守ることが長生きの秘訣なのだと説きます。

自分の限界を破るには、時には極端なこともすべきだという意見もあります。

長野オリンピックのスピードスケートで金メダルを取った清水宏保さんは、筋肉はずるいからすぐに慣れてしまう。何度も破壊して再生させる、それによって限界を超えていくと言います。その破壊と再生を繰り返した六十五センチの太さの太ももを見せてもらいましたが、すさまじいものでした。

大きなことを成し遂げた偉人でも、天才タイプと常識人タイプに分かれると思います。フランクリンは圧倒的に常識人です。もちろんさまざまな面で能力はずば抜けて高かったとは思います。実業家で、政治家、外交官、文筆家、発明家……何か一つにだけ特化した天才ではなく、どれをとっても一流の常識人、いや大常識人でした。

例えば彼が印刷業ではなく流通業を始めてもその世界で大物になったでしょう。大工をしていてもチェーン店を次々に作っていたかもしれません。何か特殊なことの天才ではなく、きちんとやっていればちゃんとできる、その見本のような人だったのです。

その秘密を多くの人が知りたいと思い、『フランクリン自伝』をはじめとして、「リチャードの貧しい暦」や「十三徳」などをこぞって読んだのでした。

現在でも啓蒙書の人気は高く、こうすると成功するといった書物も数多く出版されています。しかし、そこに書かれたほとんどすべてをフランクリンが言い切ってしまっていると言ってもいいかもしれません。

第十　清潔

身体、衣服、住居に不潔を黙認すべからず。

一七〇〇年代のアメリカの人たちは不潔な人がたくさんいたことでしょう。パリでは貴族たちでさえなかなか風呂に入れなかったため、体臭を消すために香水が流行したと言います。そんな時代に身体を清潔に保とうと考えるフランクリンの気配りはなかなかのものです。

日本人はフランクリンの「十三徳」に馴染みやすい点が多々ありますが、「清潔でいよう」という点もすんなり受け入れられるでしょう。なにしろ江戸時代の江戸っ子は風呂好きで、一日に何度も入ったというほどです。現代でも一日に何度もシャワーを浴びる人がいます。

また、外国人が日本に来て驚くことの一つにトイレがあります。清潔なのはもちろん、お湯が出てお尻まで洗ってくれるのですから。

第十一　平静

小事、日常茶飯事、または避けがたき出来事に平静を失うなかれ。

これもまた日本人が身につけていた徳目でした。過去形にしたのは、現在の日本人は平静を失わないということが少し苦手になってきたかなと思うからです。ちょっとしたことですぐに動揺したり、イラッとしたりする人が増えています。嫌なことに遭遇すると平静さを失い、ひどい時には鬱病などになってしまう人も多いようです。

しかし、戦前までの日本人は、どんな時も平静さを失わないと外国の人が見て驚くほどでした。

『肚《はら》――人間の重心』という本があります。ドイツの哲学者であるデュルクハイムが昭和のはじめに日本に住み、その経験をもとに書いた本です。一冊丸ごと「肚」に関する本になっていますが、そこには「日本人はなぜこんなに精神的に強いのか、それは肚ですべてを受け止めるからだ」と書かれています。

小さな子どもがむずかっているとお父さんが「肚、肚！」と言って肚を意識させるとも書いています。今の時代に、臍下丹田《せいかたんでん》（肚）を意識させ、情動のコントロール法を教える親は、ほとんどいないでしょう。確かにかつての日本人は今よりもっと「肚」を意識し、すぐに動揺しない、くよくよしないといった訓練ができていたと思います。

怒りに襲われた時、すぐに感情を爆発させないで、息をフーッと吐いて肚を意識する。気が動転するようなことが起こった時にも肚に気をこめて落ち着くことが大事なのです。

第十二　純潔

性交はもっぱら健康ないし子孫のためにのみ行い、これに耽りて頭脳を鈍らせ、身体を弱め、または自他の平安ないし信用を傷つけるがごときことあるべからず。

現代の日本でも、いや世界的にも下半身のスキャンダルで身を破滅させてしまう人はたくさんいます。ＳＮＳが普及した今、なおさら気をつけたいもの、とだけ言っておきましょう。

これに関しては、フランクリンもまた完璧に守れていたとは言えないようです。フランクリンは「女」というテーマで文章を書いていて、「かつて商売女にも手を出し、友人の女に言い寄ったこともあった。しかし、なかなか費用もかかるし、病気も恐かった」と告白したり、「若い女より年増を相手にしろ」とアドバイスまでしています。

さらに面白いことに、その一文は一九二六年までフランクリン全集から削除されていたということです。

それはともかく、フランクリンはただの堅物ではなく、エネルギー旺盛な男だったということでしょう。

第十三　謙譲

イエスおよびソクラテスに見習うべし。

最初「十三徳」は十二項目しかなかったそうです。ところがクェーカー教徒の友人から「高慢なところが談話の際にもたびたびでてくる」「不遜と言ってもいい態度がある」と指摘され、十二の悪徳や愚行と同時にできることならこれも直したいと思って「謙譲」の徳を加えたといいます。

いかにもフランクリンらしいのが「私はこの徳を真に自分のものにしたと誇るわけにはいかないが、少なくともうわべだけは相当成功したと思う」と言っているところです。たとえ「謙譲」の心は身につかなくても、テクニックでそう見えればいいというのです。そのテクニックとはたとえばこういうことです。

「『確かに』とか、『疑いもなく』など、断定的な見解を表わす語句は一切使わぬことにきめ、そのかわりに、『私はこう思う』とか『こうではないかと思う』とか、『こうこうだろうと想像する』とか、『現在のところ、私にはこうだと思われる』というような言い方を用いること」にしたといいます。

あるいは自分とは反対の意見に遭遇した時は頭から反駁することはしないで、「時と場合によっては君の意見も正しいだろうが、現在の場合は違うようだ、自分にはそう思えるがなどと述べる」ようにしたと。その結果、以前より会話が気持ちよく運ぶようになったといいます。

そしてついに「初めは多少無理をして装ったものであるが、しまいには自然になり完全な習慣になった」とフランクリンは告白します。「謙譲」の精神が、形から入り、続けている間に心にまで届いたということでしょう。まさに「習慣が変われば人格が変わる」を身をもって証明したのでした。

徳の並べ方にもある工夫

「節制」に始まり「謙譲」で終わる「十三徳」ですが、何事にも用意周到なフランクリンは、これを思いつくままにただ並べたわけではありません。

「ある一つの徳をさきに修得しておけば、他のいずれかの徳を修得するのが容易になるだろう」と考えて徳を並べたと言っています。つまり、「節制」を第一に置いたのは**「古くからの習慣のたえまない誘引や、普段の誘惑の力に対してつねに警戒を怠らず、用心をつづけるには、頭脳の冷静と明晰とが必要」**だと考えたからで、この「節制」を身につければ次の「沈黙」の徳はさらに身につけやすくなると考えたのでした。

さらにフランクリンは続けます。

「これと次の規律の徳の二つを守ることができれば、計画や勉強にあてる時間がもっとできる」

「決断の徳が一度習慣になってしまえば、これ以下の諸徳をうるために断乎として努力をつづけることができるようになるだろう。また節約と勤勉のおかげで、残っている借金を抜けることができ、暮しが豊かになって一本立ちになることができれば、誠実とか正義とかその他の諸徳を実行することは一層容易になるだろう」

なるほどこのように解説されると、きちんと計算し配置された「十三徳」だったことがよくわかります。

「十三徳」が実践できているか、毎日チェックする

フランクリンは、こうしてできあがった「十三徳」が実践できたかどうか、毎日チェックしていきました。そのためにまず手帳を用意し、一ページに左の図のように徳目と表を書き込みます。

冒頭に掲げた徳目はその週のテーマです。図では「節制」がテーマになっています

が、それがその週の課題です。節制に反するような行為はどんな小さなことでも避けるようにします。他の徳は特に注意はしないのですが、毎晩、その日に犯した過失をチェックします。表を見ると日曜日は沈黙と規律はうまく守れていなかったので、チェックを入れています。

こうして一週間、「節制」をチェックし、次の週は「沈黙」がテーマとなるのです。これを繰り返していくと、十三週で十三の徳目をチェックできるというわけです。

フランクリンは言います。

「庭の草むしりをする男は、雑草を一度にとりつくそうなどとはしない。というのは手にあまるからで、一回に一と隅ずつかたづけ、その隅がすんでから次へと移るものであるが、私もこの男のように、順々に黒点を各行から消して行って、各ページに現れる徳の進歩の跡を見て喜びに心を励まし、何回も繰返しているうちに、ついには十三週間、日々検査しても手帳には黒点一つつかないというようになりたいものだと思った」

土	金	木	水	火	月	日	
							節制
	*		*		*	*	沈黙
*	*	*		*	*	**	規律
	*			*			決断
		*			*		節約
				*			勤勉
							誠実
							正義
							中庸
							清潔
							平静
							純潔
							謙譲

※『フランクリン自伝』（岩波文庫）参照

手帳を使いこなす現代人はフランクリンの精神的子孫

フランクリンは何をしても成功しただろうと先に書きましたが、この手帳の使い方もそうです。アイデアに満ちています。これより以前にフランクリンは金言を載せた「貧しいリチャードの暦」で成功していますが、これに類したカレンダーは現在大量に出回っています。ベストセラーになった松岡修造さんの『修造カレンダー』もフランクリンの暦の子孫とも言えます。

あるいは彼は一日二十四時間をどう使うか、スケジュール表を作ってチェックしていましたが、この方法は現在の手帳やダイアリーに当たり前のように応用されています。そして彼は手帳も駆使するのです。

こうしたものは現在ではごく当たり前になっていますが、それをフランクリンは今から三百年近くも前に自ら考え出し、実践しました。ここが彼の素晴らしいところだと思うのです。

私自身、毎日、手帳を肌身離さず持ち、しっかりと活用しています。三色ボールペンでびっしりと書き込んであります。赤は講演とかテレビ出演、取材など、これを間違えると社会的信用をなくすこと。青はちょっとした会議や打ち合わせで自分の都合でなんとかなるもの。緑はその日のお楽しみで、たとえば映画を見たらそのタイトルなどを書き込んでいます。授業の内容などもきっちりと書き込みます。時間がある時には手帳を見て、じゃあ来週何をするかと考え、それをまた手帳に書いていきます。

こうしたことを手帳に書き込むことによって、先の予定がはっきりとわかるのはもちろん、「今週は仕事をきっちりした」とか「気分転換がもう少し必要かもしれない」などといったこともわかるのです。

このように考えると、手帳を使うこと自体がフランクリン的なライフスタイルであると言っていいかもしれません。言い換えれば、手帳を使いこなす現代人はフランクリンの精神的な子孫であると言うことができると思うのです。

セルフメイドマンがアメリカの基本精神だった

さて、フランクリンの地道ともいえる努力の末、「十三徳」は果たして身についたでしょうか。フランクリンはこのように告白します。

「大体から言えば、私は自分が心から願った道徳的完成の域に達することはもちろん、その近くに至ることさえできなかったが、それでも努力したおかげで、かような試みをやらなかった場合に比べて、人間もよくなり幸福にもなった」

「規律の点では、私の悪癖は矯正しがたいものがあった」

こうした表現がいくつか見られます。しかし果たして本当にそう思っていたのでしょうか。私などはこれこそ「謙譲」を実践しての言葉ではないのかと深読みしてしまうのです。

というのも、『フランクリン自伝』を読むと、時に自慢話とさえ感じてしまう表現も随所に見えるからです。もともと正直な人なので、つい話してしまう、書いてしまうのでしょう。たとえば次の箇所です。

「今もなお（七十九歳）強健な体格を持っていられるのは、節制の徳のおかげである。若くして窮乏を免《まぬが》れ、財産を作り、さまざまの知識をえて有用な市民となり、学識ある人々の間にある程度名を知られるようになったのは、勤勉と倹約の徳のおかげである。国民の信頼をえて名誉ある任務を託されたのは、誠実と正義の徳のおかげである。またつねに気分の平静を保ち、人と語るさいには快活を失わず、そのために今日も親しみ近づこうとする人が多く、若い知人からも好感を持たれているのは、不完全にしか身につけることができないでしまったものの、右にあげた十三の徳が全体として持っている力によるのである」

下手をすれば自慢とも読める正直さのなかに、なんとか謙譲をまぶしたフランクリンの生真面目な努力の跡が垣間見える文章ではないでしょうか。

ともあれ、無一文から身を起こし、財をなし、社会活動を行い、外交官として活躍し、科学者としても名を残したフランクリン、本人の才能と言ってしまうとそれまでですが、彼の場合は才能とともにものの考え方、実践の仕方によるところも大きかったのです。

フランクリンは常に自分自身をコントロールしながら進歩していく〝セルフメイドマン〟と呼ばれています。親が財産家だったとか貴族だったというのではなく、何もないところから自分をつくっていったからです。そして、これこそがアメリカの基本精神だったということなのです。

もともと日本人には「十三徳」のベースがあった

セルフメイドマン、つまり「十三徳」によって自らの運命を開いていったフランクリンのような生き方がアメリカの基本精神だったとすると、日本の基本精神はどうだったのでしょう。

十三の徳を改めて見てみると、多くの日本人は相当程度できていたのではないでしょうか。だからこそ、それまで鎖国状態だったにもかかわらず、明治維新で価値観が大きく変わってもすぐに大国の仲間入りができたのでしょうし、敗戦後もすぐに立ち直り世界第二の経済大国になれたのでしょう。

考えてみれば、江戸時代の武士でこの「十三徳」が身についていなかった武士はあまりいなかったのではないでしょうか。節制し、無駄口は叩かず、規律を重んじ、決断する。質素を旨とし、正義を貫き、清潔を保ち、謙譲の精神を持つ。さらに身の潔白を証明するためには切腹までしてしまうのです。

また、農民にしても真面目に農作業に精を出し、助け合いの精神もきちんとありました。

フランクリンの言うところの徳を日本人は伝統的にかなりのレベルで受け継いできています。もちろん、自分も含めて周りを見回すとついお酒を飲み過ぎてしまう人、おしゃべりが好きで時に余計なことまで言ってしまう人、すぐに頭に血が上ってしまう人……そういった人もいるでしょう。しかし、基本的なベースはあるので、フランクリンにならってチェックしていけば、かなりの確率で「十三徳」をきちんと身につけられるのではないかと思うのです。

経済活動こそが最高の道徳

次章では渋沢栄一と『論語』について触れていこうと思いますが、渋沢がなぜあれほど早く資本主義社会に対応し、そこで活躍できたかを考えると、渋沢自身もまたフランクリンの「十三徳」をしっかりと身につけていた、そしてその大本のところに『論語』の精神があったからだと思うのです。

江戸時代、多くの日本人は『論語』に触れています。寺子屋の教科書には、『論語』の言葉が数多く載っていて、その精神に日々、触れていたでしょう。もともと真面目な気質の日本人は『論語』に触れ、仏教的な教えも受けることで、フランクリンの説く徳目が体の中に血液のように流れていたのでしょう。

フランクリンは自らの経験から生まれた徳を実践することで、お金儲けと社会活動と、さらには世界を舞台にした活動までをこなすことができました。

一方、渋沢栄一は自らの体に流れる『論語』の精神で経済活動に携わり、経済活動こそ最高の道徳だとまで言っています。

その渋沢の『論語』の精神を追究しながら、それがフランクリンの「十三徳」といかにリンクしていくかを次に考えてみたいと思います。

第五章
渋沢栄一の『論語』

精神性を高めることによって人生を充実させていく

ここからは、渋沢栄一の経済活動に生き生きと生かされていた『論語』の精神について見ていきたいと思います。

渋沢は『論語と算盤』『論語講義』『渋沢百訓』など、『論語』と経営について若い人に説く趣旨でたくさんの文書を残しました。

普通は精神性といっても、しっかりやる、真面目にやる、誠実にやるというふうに漠然と捉えてしまいがちですが、その著書を通じ明確な精神文化を引き継ぐことこそが、渋沢栄一から学ぶべき最も大切なことではないかと私は考えます。

代表作である『論語と算盤』は、まさにタイトルが精神文化と経済活動を象徴しています。渋沢は、武士の魂で商業の才能を発揮するという思いを「士魂商才」という造語に託して表現していますが、経済活動というのは決して卑しいものではなく、人間の活動の基本であること、近代社会においては経済活動こそが人の幸せに繋がる大切な営みであることを、本書を通じて説いています。

渋沢が活躍を始めた明治初期は、経済活動が今のように活発ではなく、あまり高い評価を受けていませんでした。そうしたなかで、『論語』の精神で経済をやると決意することによって、それまで低く見られていた経済活動に価値を持たせ、自分自身のやる気にも火を付けたというのが渋沢栄一という人物の非常に興味深いところです。

徳を高めていくことによって自らの経済活動を充実したものにしていく。精神性を高めることによって自分の人生を充実させていこうという渋沢の生き方は、まさしくフランクリンの生き方とも共通するところです。

論語と算盤は甚だ遠くして甚だ近いもの

それでは、『論語と算盤』の内容を具体的に見ていきましょう。

「論語と算盤は、甚だ遠くして甚だ近いものであると始終論じておるのである」（論

語と算盤は甚だ遠くして甚だ近いもの）

『論語』の中に算盤勘定についての記述はありませんが、渋沢は、『論語』と算盤の世界というのは実は非常に近いものだと考えていました。

「富を成す根源は何かといえば、仁義道徳、正しい道理の富でなければ、その富は完全に永続することができぬ、ここにおいて論語と算盤という懸け離れたものを一致せしめる事が、今日の緊要の務と自分は考えているのである」（論語と算盤は甚だ遠くして甚だ近いもの）

「商才というものも、もともと道徳を以て根底としたものであって、道徳と離れた不道徳、欺瞞《ぎまん》、浮華、軽佻《けいちょう》の商才は、いわゆる小才子、小悧口であって、決して真の商才ではない、ゆえに商才は道徳と離るべからざるものとすれば、道徳の書たる論語によって養えるわけである、（中略）ゆえに私は平生孔子の教えを尊信すると同時に、論語を処世の金科玉条として、常に座右から離したことはない」（士魂商才）

渋沢はこのように綴り、世の中に処していくにあたり、『論語』を柱とすれば間違いないと言い切っています。『論語』を生涯座右から離さず、全文をほとんど覚えていたので、何か行動をしたり、判断をしようとする時には必ず『論語』の言葉と照らし合わせて決めていきました。

物事を判断する時に参照できるしっかりした基準があるというのは非常に強いことです。それによって誰からも後ろ指を指されることなく、自信を持った生き方ができるため、いつも堂々としていられる。『論語』の言葉を実践している自分は、仁や義の徳を踏まえた活動をしているという自覚があるため、それが自信となり、エネルギーの源となっていくわけです。

今の時代、『論語』が経済活動のエネルギーになっているという人はあまりいないと思います。渋沢の時代は、『論語』が多くの人にとってまだ身近な存在ではありましたが、西洋の文化がどんどん入ってきて、江戸時代ほど『論語』が持てはやされなくなりつつありました。そうしたなかで、あえて精神の柱を江戸時代の素読の世界に求めたところが、渋沢の非常にユニークなところです。

人物を見極めるにはこの三点を見よ

「まず第一にその人の外部に顕われた行為の善悪正邪を相し、それよりその人の行為は何を動機にしているものなるやを篤《とく》と観《み》、更に一歩を進めて、その人の安心はいずれにあるや、その人は何に満足をして暮らしてるや等を知る（中略）。ゆえに行為と動機と、満足する点との三拍子が揃って正しくなければ、その人は徹頭徹尾永遠まで正しい人であるとは言いかねるのである」（人物の観察法）

この人物の観察法は、つまるところその人が本当に誠実であるか、正しい人であるかを知るためのものといえます。渋沢は、少々利口な人よりは本当に正直な人を雇いたいということをたびたび述べています。そして雇う時の基準として、その人物の行為と動機と満足する点を観ることを勧めています。これはもちろん孔子が説いていることでもあります。

確かに、この三つのポイントを立てて面接をしていくと、間違いが少ないことは私自身の経験からも実感しています。

渋沢はこのように、抽象的な精神のあり方ばかりでなく、実社会における具体的活動、人物鑑定法までも『論語』から読み取り、それを実践しています。現実の経済活動において『論語』をどこまで活用できるかという、活用の極限というものを示しているわけです。

勉強を始めるのに遅すぎることはない

渋沢は、『論語』は最も欠点の少ない教訓であり、そこに記されている教訓に従って商売をしていけば、利殖を図ることができると考えていました。

転機となったのが明治六年でした。第三章でも触れましたが、渋沢は一大決心をして官を去り、実業の世界に入った時に、友人の玉乃世履から「賤しむべき金銭に目が眩み、官を去って商人になるとは実に呆れる、今まで君をそういう人間だとは思わなかった」と忠告されたのです。
その時の渋沢の返答は、国を背負う気概にあふれた感動的な言葉なので、再度引用したいと思います。
私はこの言葉を読み直すたび、渋沢の志ある肉声が聞こえてくる気がして胸が熱くなります。

「私は論語で一生を貫いて見せる、金銭を取扱うが何故賤しいか、君のように金銭を卑しむようでは国家は立たぬ、官が高いとか、人爵が高いとかいうことは、そう尊いものでない、人間の勤むべき尊い仕事は到るところにある、官だけが尊いのではない」

そして渋沢は「私は論語を最も瑕瑾《きず》のないものと思うたから、論語の教訓を標準として、一生商売をやってみようと決心した」と書いています。

自分の本当に軸となる古典を持ち、それで一生を貫いてみせると言える人は、今の時代なかなかいません。キリスト教徒にとって『聖書』、イスラム教徒にとって『コーラン』は、聖典であるからこれで一生を貫くというのはわかりますが、私たち普通の日本人が何か一冊で人生を貫いてみせるというのはなかなか言い切れないことだと思います。

渋沢が『論語』を座右に人生を歩んでいこうと決意したのは、先に述べたように数ある書物のなかでも『論語』は傷が少ないものという実感があったからです。極端なことを言う本というのはいろいろとあり、それを実践していると行動も極端になってしまいます。その点、『論語』は中庸の精神を説いているわけですから、極端なことはあまり説かれておらず、バランスが取れているので、安心して人生の指針にできると言えるでしょう。

渋沢はもちろん幼い頃から『論語』には親しんできていますが、「論語で一生を貫いてみせる」と決めた時から専門家のもとで改めて本格的に『論語』の勉強を始めました。

大人になってから始めるからこそきちんと身になる勉強ができるということもあります。私自身、高校生の頃に『論語』を読んだ時よりも、四十歳、五十歳と年齢を重ねて読んだ時のほうが大きな感動が得られ、理解も深まったことを実感しています。何歳だから遅いということはありません。渋沢は自ら「大人の論語」というものを実践して、その尊い意義を私たちに教えてくれているのです。

ただ読むだけでなく自ら実践してみる

「論語の教えは広く世間に効能があるので、元来解りやすいものであるのを、学者がむずかしくしてしまい（中略）商人や農人は論語を手にすべきものでないというようにしてしまった、これは大なる間違いである。

かくのごとき学者は、たとえばやかましき玄関番のようなもので、孔夫子には邪魔者である、（中略）孔夫子は決してむずかし屋でなく、案外捌《さば》けた方で、商人でも農人でも誰にでも会って教えてくれる方で、孔夫子の教は実用的の卑近の教である」

（論語は万人共通の実用的教訓）

ここに記された孔子の姿勢に倣い、渋沢は生涯にわたって門戸開放主義を貫きます。有力者の渋沢の元には日々さまざまな人が訪れてくるわけで、なかにはおそらく借金の申し込みなど、面倒な話、厄介な話を持ってくる人もいたことでしょう。それでも渋沢は面会を断ることなく、直接話を聞いて自分なりに判断を下していったわけですが、それは孔子の姿を模範として実践していたことなのです。

実際に『論語』で孔子は、「束脩《そくしゅう》を行ふより以上は、吾《われ》未だ嘗《かつ》て誨《おし》ふることなくばあらず」（干し肉一束という最低限の礼儀を弁えて入門した者に対して、心を込めて教えなかったことはない）と語っており、渋沢が記している通り、孔子がどんな人でも相談に乗ってくれたであろうことが推測できます。

渋沢は『論語講義』という著書に次のようにも記しています。

「私はいつも、孔子のこの態度を見習って、人に接している。今年八十五歳の老齢だ

が、毎朝少なくとも十人ぐらいの訪問客に応対している。六時半には起きて入浴し、手紙にひととおり目を通し、七時半に朝飯が終わってから、待っていた訪問客と面会する。

来訪の用向きは各人各様であるが、どんな人に対しても毎朝九時半もしくは十時までは、時間の許すかぎり面談して、その用向きについては、できるだけ解決してあげる主義をとっている。なかには即答できないことや満足させてやれないこともあり、必ずしもすべてがうまく決着できるわけではないが、私は人間として当然の務めと考えて、誠心誠意相談に乗っている」

渋沢は、孔子に倣って自分もそうしていると言います。単に『論語』を読むだけの「『論語』読みの『論語』知らず」ではなく、孔子のやっていたことを真似よう、孔子に倣って自ら実践する姿勢です。そうすれば、相当に険しい人生という道路を、事故を起こすことなく運転していけるということです。

志の有無が人生のエネルギーを決める

「立志は人生という建築の骨子で、（中略）立志の要はよくおのれを知り、身のほどを考え、それに応じて適当なる方針を決定する以外にないのである、誰もよくそのほどを計って進むように心掛くるならば、人生の行路において間違の起るはずは万々ないことと信ずる」（大立志と小立志の調和）

志があるか、ないか。それはその人の人生のエネルギーに大きく関わってきます。志が自分の中心にしっかりある人は、人生で遭遇するさまざまな問題も、その志に従って判断していくことができます。高校生も、大学生も、二十代、三十代、四十代の人も、「あなたの志は何ですか？」と聞かれた時に、パッと答えられるように志を鍛えていくことが、人生を力強く歩んでいく力の源になります。

吉田松陰は、自分の志を門弟に伝え残していくため血を吐くような思いで『留魂《りゅうこん》録《ろく》』を書き遺しました。自分の思い、志を遺していけば、誰かがそれを継いでくれると願ったのです。松陰の思いは高杉晋作や伊藤博文、山県有朋、品川弥二郎らに受け継がれ、彼らの活躍によって明治維新の大業は成し遂げられました。魂の伝承によって、新しい時代がつくり上げられたわけです。

そう考えると、人間には肉体的なＤＮＡと同じように魂のＤＮＡとも言うべきものがあり、それが志という形で受け継がれていくのだと言えそうです。そして志は一人のものではありません。渋沢は孔子をはじめ、さまざまな先人たちの志を受け継いで自らの志を立てたのです。

アメリカの鋼鉄王カーネギーも、渋沢に影響を与えた偉人の一人でした。渋沢はカーネギーの本を読み、公のために働くことを大事にしている彼と自分とは、志を同じくしていると考えて意を強くします。志というのは自分一人、孤独のなかで抱き続けるものではありません。よき志には必ず共鳴者があり、そうした共鳴者を時代を超えて見出だしていくことによって、自分の志もより強固なものになるのです。

人生に立ち向かう勇猛心はこうして養え

「武術の練磨、下腹部の鍛錬は自然身体を健康にすると共に、著しく精神を陶冶し、心身の一致したる行動に熟し、自信を生じ、自ら勇猛心を向上せしむるものである」（勇猛心の養成法）

事を成すためには活力が旺盛で心身が潑剌としている必要があります。そのためには勇猛心を養成しなければなりません。その際に大事なことは、下腹部の鍛錬であると渋沢は説いています。

「下腹部に力を籠《こ》める習慣を生ずれば、心寛《ひろ》く体胖《ゆた》かなる人となりて、沈着の風を生じ、勇気ある人となるのである」（勇猛心の養成法）

渋沢の言う下腹部とは、臍から指三本分くらい下の部分の奥、臍下丹田のことを指します。日本では伝統的に、臍下丹田に心がある、そこに気持ちをしっかり置いて、力が漲っていれば大丈夫と考えられ、大事にされてきました。この考え方はインドのヨガにも中国の道教にもあります。それが日本に入ってきた時に日本人はその考え方を物凄く気に入って、広く深く浸透していったのです。

丹田というのはエネルギーが集積する場所で、そこで丹薬という不老不死の薬が養われるとされています。もともとは上中下の三つあるとされ、おでこが上丹田、胸のあたりが中丹田、そして下丹田がお臍の下なのですが、日本ではこの一番下の下丹田、臍下丹田を丹田とシンプルに呼ぶようになりました。

そのように下丹田が特別に大切にされたのは、日本の座（坐）の文化とも深く関わっています。畳の家に住み、座るということが生活の中心にあったために、下に気持ちを置くということがもともと習慣としてあったのです。

また、武道の動きも下半身、腰と肚がしっかりしていることが重要であったことも、臍下丹田が大切にされるようになった要因と言えるでしょう。古来、武術家の性格が沈着にして敏活であるのは、下腹部を鍛錬することを通じて自在に一身を動かせるようになることを目指していたからだとも言えます。

宮本武蔵の『五輪書』には臍下丹田という言葉こそ出てきませんが、腰に力を漲らせて全身を柔らかに使うことが大事だと記されており、腰の鍛錬、肚の鍛錬によって全身に気が漲るという考え方が、日本の伝統としてあったのです。渋沢もそのことを重要視して、下腹部の鍛錬によって勇猛心を養成することを説いているわけです。

大学で二十年以上就職の状況を見てきて実感しているのは、声が小さい学生というのは就職しづらい傾向があるということです。同じような成績の学生がいたら、声の大きいほうが大体就職が決まっていきます。面接官は、声が小さいと採るのをやめようと思ってしまうそうなのです。それは、声の大きさや張りというものに勇猛心が如実に表れ、そのエネルギーが経済活動においても非常に大事だからです。逆に、企業がスポーツに打ち込んできた学生を採用したがるのは、ある種の勇猛心を期待している面があるからだとも言えるでしょう。

志を立てることがすべての原動力になる

「余は十七歳の時武士になりたいとの志を立てた、というのはその頃の実業家は一途に百姓町人と卑下されて、世の中からはほとんど人間以下の取扱を受けいわゆる歯牙にも掛けられぬという有様であった（中略）同じく人間と生れ出た甲斐には、何が何でも武士にならなくては駄目であると考えた」（一生涯に歩むべき道）

渋沢がこの志を立てた頃は、家柄がむやみに重んじられていて、武士の家に生まれれば智能のそれほどではない人間でも社会の上位を占めてほしいままに権勢を張ることができ、実業家は世の中から人間以下の扱いを受けていたといいます。だからこそ、何がなんでも武士にならなければ駄目だと渋沢は考えたわけです。

とはいえ、武士というのは生まれでなるものであり、なりたいと思ってなれるものではないというのが当時の常識です。ところが渋沢の人生を見てみると、その常識を覆して実際に武士になっていくのです。

渋沢は若い頃、横浜を焼き討ちして外国人を襲撃しようと企てました。幕府を揺り動かすような攘夷運動を起こそうとしたのですが、説得されて思い留まります。そして、逃亡する最中にふとした機縁から一橋家の家来になり、武士となったのです。自分が倒そうとした幕府の家来になったわけですから非常に面白い展開ですが、こうした渋沢の足跡を通じて、志を立てることが人生のすべての原動力になることを教えられます。

渋沢はこうした自分の若い頃を振り返り、最初から実業界にいればもっと経験を積めたであろうと記していますが、このことに関しては必ずしも言葉通りに受け取るべきではないと私は思います。血気盛んな青年期があったからこそ、渋沢は武士にもなることができ、幕臣としてフランスへ渡って見聞を広め、帰国後に新政府の大蔵省に勤め、大蔵省を辞めて実業の道を歩むことができたわけです。その人生の展開のスピード感には目を見張るものがあります。それまでの足跡のすべてが経験値となり、実業家としての活動にプラスになったことは確かだと思います。

志のエネルギーというのは、形を変えてずっと残り続けるものだと思います。やることは変わっていったとしても、その志のエネルギーが方向を変えただけなのです。元の元を遡れば武士になりたい、それも自分の力を発揮して世の中をよくしたいということがスタートであったわけです。

渋沢には最初から命を投げ出す覚悟があったのです。自分の命よりも世の中をよくするという思いで十代の頃から出発していて、その思いは実業家になってもずっと変わらず持ち続けていたわけです。

社会生活に不可欠な常識はこの三つのバランスで養う

渋沢は、世間を歩んでいく上では誰しも常識というものが不可欠であるとし、では常識とは何かを『論語』にもとづいて明確に定義しています。

「すなわち事に当りて奇矯《ききょう》に馳《は》せず、頑固に陥らず、ぜひ善悪を見わけ、利害得失

を識別し、言語挙動すべて中庸に適《かな》うものがそれである、これを学理的に解釈すれば『智、情、意』の三者が各々権衡《けんこう》を保ち、平等に発展したものが完全の常識だろうと考える」（常識とはいかなるものか）

まずは、極端なことをしないで、バランスのよい判断をする中庸が一つのポイントであると渋沢は説いています。

部屋の温度にしても、暑すぎるのも寒すぎるのもよくない。ちょうどいい温度というのが季節ごとにあります。料理にも塩加減というものがあり、塩が全然入っていないのも味気ないし、入れ過ぎは逆にしょっぱくて食べられず、どこかにちょうどよい塩加減というものがある。それが中庸というものです。

『論語』には「中庸の徳たる、其《そ》れ至れるかな」という言葉があります。中庸というのは完全で最高の徳だから、これさえ持っていれば大丈夫だと孔子は説いています。

先述したようにデカルトも、迷った時には中庸でいくのがいい、極端なことをやってしまうと修正するのが難しく、非常に危険であるという趣旨のことを言っています。

古くは、二千数百年前の古代ギリシアの哲学者アリストテレスが『ニコマコス倫理学』で、中庸（メソテース）を最高の徳としています。たとえば、蛮勇と臆病の中間にあるのが勇気です。両極端の中間を知ることが大切だ、というのがアリストテレスの考えです。

バランスのいいやり方、ちょうどいい頃合い、適度なものをいろんな領域で見つけていくということが中庸であり、常識というものであって、これを学理的に解釈すれば、智（知）・情・意の三者がそれぞれバランスを保って平等に発展したものが常識だろうと渋沢は考えているわけです。

物事を識別して的確な判断をする智（知）力は大切ですが、それだけでは十分ではありません。情愛の薄い人は人間として疑問ですし、情があるからこそ極端な判断をしなくてすむ面もあります。

数学者の藤原正彦さんは、情緒力というものの大切さを主張されています。幼い子どもの頃には童謡や唱歌、絵本などを通じて情緒を養うことが大切で、その情緒の力が善悪を的確に判断することに繋がっていく。情緒がなく、頭がいいだけでは時に間違った判断をしてしまいがちになる。頭がいいから世の中の役に立つ人間になるとは限らず、むしろ情緒というものが非常に大切であると主張されています。

私もこの考えには賛成です。美しさを感じる情緒があれば、美しくない生き方に対して違和感を抱く。よくないことをしていると自分が気持ち悪いという情緒があれば、変なことはしなくなる。美しいものがわかるということと、何が正しいのかがわかるというのは実は繫がっている、と私も思います。

基本は情緒ですが、感情に走り過ぎるのも問題です。そこで、「動きやすい情を牽制するのは強固なる意志である」と、意の大切さも渋沢は説いているのです。情愛はあるけれども流されてしまうという人がいますが、そういう時に意志を持ってそれをコントロールしていくということが大切です。

この智（知）・情・意の三者のバランスということを意識すれば、たとえば情愛の感覚に乏しい経営者を見て、この人はいざという時に平気でリストラをする可能性があるというふうに読むこともできます。智（知）・情・意をバランスよく育んで、常識ある人物を目指していくことが大切です。

昨日は元気でもきょうは疲れた、そんな元気では駄目だ

実業家として目覚ましい実績を残した渋沢は、元気ということについて次のように記しています。

「ただちょっと一時酒飲み元気で昨日あったけれども、今日は疲れてしまったという、そんな元気では駄目である」（誤解されやすき元気）

修養は理論ではないというのが渋沢の考えであり、自分の体にいつも元気を張らせていることが大事だと説いています。元気というものは必ずしも生まれつきの体質ではなく、むしろ志を芯にして、『論語』を信じて活動していくと、死ぬまで元気でいられるというのが渋沢の信念であったと言えます。そしてそれは一つの健康法でもあるわけです。

当時は、元気というものがなんとなくではなく、心身の充実としてはっきりと感じられた時代でした。身体なくして武士の修養もなく、身体性というものを皆が当たり前のように身につけていたわけです。

現代を生きる私たちも、もう少し体を重要視するべきではないかと私は考えます。もっと腰を鍛える、肚の力を鍛える、あるいは素読をして息の力を鍛えつつ智力を鍛える、言葉を自分の技として身につけるといった考え方。そういう修練というものを重ねていくことによってメンタルも強くなっていきます。

今の日本人は、ストレスに苦しみ、メンタルが疲れています。それを克服するために、精神の力、身体の力を鍛えることの大切さを渋沢は示唆しているのです。

偉くなりたいと考えなくなった日本人

ここからは、渋沢のもう一つの著書『渋沢百訓』について見ていきましょう。

「功名心は、人間にとってもっとも尊ぶべきことであって、しかもまた、人をして過ちを多からしむるの因をなすものである」（功名心の本体）

日本では、『平家物語』の頃から既に「名を惜しむ」という考え方がありました。命を惜しむのでも、身を惜しむのでもなく、名を惜しめと。合戦においても「遠からんものは音にも聞け」というふうに自分の名を残そう残そうとして皆頑張りました。今の人が見れば、もう少し自分の命を大切にしたほうがいいのではないかとさえ思えるほどに、昔の人は名にこだわったものです。

しかし、そうして名にこだわることは決して悪いことではありません。それによって、自分の保身を考えたり、あるいは自分の利益だけを考えるような生き方はできなくなり、もっと世の中の人に尊敬される生き方をしたいというエネルギー源になるからです。いわば名誉というものを重んじる生き方を皆がすることによって、社会全体がよくなっていくということなのです。

今はこの名誉というものが軽んじられ、名誉などいらないからとりあえずお金が欲しい、名誉などはいらないから楽な暮らしがしたい、有名になりたくもないし、社長になりたくもないし、もっと責任のない気楽な人生を送りたいという人が増えているのが気懸かりです。実際の統計でも、日本人の間に偉くなりたいという人がどんどん減ってきているというデータがあります。

私も大学で今の若い人たちと接していて実感するのは、皆心優しいし、真面目な人が多いのですが、なんとしても世に名を残したいといった野心とも言える功名心がそれほど強くないということです。社長になりたいという若者もどんどん減ってきています。社長というのは名誉があり、責任のある素晴らしい仕事であるというふうに見なされなくなってきて、単に大変そうだと敬遠される傾向があるのです。

世のためには命を捨てても厭わないという気概で幕末、明治を生きた渋沢がこれを見れば、きっとじれったく思うことでしょう。もっとも、そういう若者の傾向は、実は明治の末にはすでに起こっていて、社会の変化に伴い学生の気質が変化するのも道理であると、一定の理解を示しています。

信用を第一に行動すれば人生は間違いない

「信用は自らその人の身辺に集中して、期せず求めざるも立身出世ができるのである。立身出世の要旨は、絶対に自らこれをなすにあるのでなく、自己は自己の職を忠実に真正に守ってさえゆけば、他からその人に立身出世という月桂冠を、戴《いただ》かせてくれるものであるということを忘れてはならぬ」（現代青年の通弊）

立身出世とは自分が決めるものではない。信用があれば自然とそういう運命になっていく。これはお金に関しても言えることで、信用があればお金も自ずとその人の周りに集まってくるものです。まずは信用というものを第一に行動していけば人生は間違いない、というのが渋沢の主張です。世界的に見ても、日本企業は信用を大事にして経営をやっているといわれ、非常に高い評価を得ています。

そういう日本企業のなかでも、時折粉飾決算などの不正が発覚することがありますが、それによって一度失った信用を取り戻すには大変なエネルギーと時間がかかります。「急がば回れ」と言いますが、まさに「急がば信用」ということで、信用を第一に行くのが結局は一番の近道であることを、渋沢は繰り返し主張しているのです。

日本人が道徳心を失ったのはいつか

「西洋文化の輸入するにつれて、（中略）ほとんど道徳は混沌時代となった。（中略）人は往々にして利己主義の極点に馳《は》せ、利のためには何事をも忍んでなすの傾きがあり、今では国家を富強にせんとするよりも、むしろ自己を富裕にせんとする方が主となっておる」（人格の修養）

日本にもし道徳心が衰えた時期があるとすれば、この明治維新の時に、それまで日本人の道徳心の礎となってきた『論語』を捨てたにもかかわらず、それに変わる新しい道徳を用意しきれなかったところに原因があるというわけです。西洋文化を導入しながらも、青年には改めて人格を修養していくことを渋沢は勧めています。渋沢は、西洋文化の洗礼を他の日本人よりも先に受けた人間です。しかしその本人が、『論語』を中心にして経済活動を発展させることができると説いているわけです。この渋沢に学び、明治以降も引き続き『論語』を中心として道徳心の涵養に努めていれば、日本にバブル崩壊のような悲劇は起きなかったのではないかと私は思います。

教師はストップウォッチを持って授業に臨むべし

「一般に通有的な、かつもっとも需用の多き事務家に必要の資格について述べてみようなら、まず、

(第一)、簿記に熟練すること。
(第二)、算術に熟達すること。
(第三)、文筆の才あること。
(第四)、字体の明確なること」(学問技芸上の資格)

仕事に取り組む上では、まず実務に習熟することが大切だということで、このあたりのアドバイスは、フランクリンとも共通するところです。

受験勉強というのは仕事とは関係ないと言う人もいますが、実際には、ノートをしっかり取ったり、テストのために準備をしたり、計算をきちんとできるようにしたり、文章が書けるようにしたり、受験勉強によって培われる力というのは実社会においても事務能力として非常に役に立つものなのです。そして、事務能力の高い人というのは一緒に仕事をしても安心できますし、学校教育の過程でそうした能力をきちんと身につけておくということが実は非常に大切なことだと私は実感しています。


「事務家には、如何なる性格の人がもっとも適当であるかというに、余は常識の完全に発達した人と答える。（中略）その細目について気づいた点の三、四を拾うて説明を加うれば、

（第一）実直なること。

（第二）勤勉精励なること。
（第三）着実なること。
（第四）活潑なること。
（第五）温良なること。
（第六）規律を重んずること。
（第七）耐忍力あること」（精神上の資格）

第四に「活潑なること」と挙げていますが、着実で真面目だからといって、元気がないのでは話にならないと説いています。会社の実務にはいろんなものがあり、非常に忙しいものだけれども、それをよどみなくこなしていけるような活発さがなければなりません。

活発といっても、粗暴、乱雑とは違って、命じられた事務を直ちに処断するということ、つまりスピード感があるということです。不活発な人間はとかく事務が渋滞しがちでよくない。仕事を命じられたらすぐやってしまう、俊敏に処理していくことが大事で、それが活発ということです。真面目だけれどもスピード感がないとすれば、渋沢の目からすればもう一つということになります。

最近、私は学生を鍛えるに当たって、俊敏に動けるようになることに主眼を置いています。たとえばグループをつくる際にも、もたもたつくっていると時間がもったいないので、今から三十秒でというふうに時間を区切ってつくらせる。発表の時にも、十五秒で発言するというふうに時間を区切りながら追い込んでいくと、どんどんシャキシャキ行動できるようになってきます。そうすると教室の雰囲気もだんだん活発になってきて、そこに加わると、不活発な人でも活発にやるのが当たり前になってくるわけです。

私は、日本の教育はもっとスピード感にあふれているべきだと思います。教師はストップウォッチを持って授業に臨むべきだと、私は全国を回って訴えています。教師というのは、大切なお金を預かるファンドマネージャーのように、子どもたちの大切な時間を預かっていることを自覚して、その時間をしっかり管理し、より価値あるものにする責任があります。

活発でないというのは、社会性がないのと同義だと私は考えます。時代のスピードはますます速まっており、「活潑なること」はいよいよ大切になってくると私は考えています。

個性的であることを目指さなくてもよい

「人格の修養をするからというて、ことさらに座禅的のことをする必要はないと思う。左様な態《わざ》とらしい振舞をせずとも、人生日々の生存において、その守るべき道理に対し、どこまでもそれを踏み誤らぬように心掛くるならば、それがもっとも簡易平穏なる人格の修養法である」（静坐黙視の必要なし）

私もこの主張には大いに賛同します。私は以前から、会社に勤めたことのある人はそれだけで修業ができているというふうに感じています。たとえば、仕事で何らかのやり取りをする場合、会社に勤めたことのある人は確実に連絡が取れ安心できるというのも一つです。会社勤めの経験がある人には、一定程度の社会性が身についており、日本の会社の教育力というのはなかなかのものだと実感させられます。若いうちに会社という組織に入って鍛えられるというのは非常に大切なことだと私は思います。

会社に限らず、何らかの組織に入って活動すると、自分勝手なことができなくなり、そのことが自分を磨く修養にも結びついてくるわけです。それは個性を殺すことではなく、むしろ自分が社会で力を発揮するために必要な力を養う過程であると理解すべきだと私は考えます。

渋沢は、個性を発揮せよとか、個性的であれなどということは一切言っていません。それよりも、まずは社会のなかで通用する人間になれということを一貫して説いています。

私は、個性というものを最重要視する個性信仰が、実は若い人を苦しめているのではないかと感じています。この三十年間、個性的であれと言い続けて、今見渡してみるとさほど個性的でない人が圧倒的に増えたわけです。

先に個性というものをつくって社会で発揮しようとしても、その個性にぴったり合う仕事などまずありません。自分は音楽が好きで、それを個性だと思っていても、音楽で成功できる人は一握りしかいないというのが現実です。

自分の好きなことが仕事にならないのであれば、むしろどこかの会社で仕事を通して力を養い、結果的にそれが自分の個性になるという筋道のほうが妥当な道だと思います。個性を目標にする必要はなく、仕事を真面目に一所懸命にやり、結果を出すべく努力していくと、自ずと自分のやり方、スタイルというものが確立されてくる。それが結果的に自分の個性になるのです。

基本的な技術を身につけていない人がいくら卓球、サッカー、バスケットボールをやっても、単に下手なだけで個性的なプレーなどできません。個性的なプレーというのは、技術がしっかり身についいて初めてできるものであり、まずは一所懸命に仕事をしなさいということが結論になるわけです。

真剣に生きていない人は『論語』の名言も心に響かない

「ここに一つ注意しておきたいことは、人格修養の標準とすべき書物についてである。余はそれに関する唯一の経典として論語を推す。（中略）人格修養の資料としては、恐らくこの上もないものであろうと信ずる。（中略）余が過去の生涯のすべては論語に依って訓育されてきた」（朝暮の心掛の一つにある）

「心に邪念の生じた時、何時もただちに心の標準たる論語の訓言を思い、しかして、それらに適応する章句を考えて、心神をあるいはこれに決行し、あるいはこれを拘束する。しかもこの方法が非常に偉力あるもので、余をして今日あらしめた所以は、けだし論語に訓育された点が多きにおるのである」（余の経験）

渋沢の主張を通じて言えることは、一つの本を完全に自分のものにすることの重要性です。その際に『論語』のように、バランスの取れた訓戒を与えてくれる本を選ぶことが大切です。

人間はいろんな心持ちの時がありますが、『論語』を指針にするならその都度、「あぁ『論語』ではこう言っているな」と、該当する箇所が思い起こされるまで読み込むことが大事です。つまり、「引用力」を鍛えておくこと、引用できるほど理解を深めることです。

渋沢は、自分の実人生において『論語』を生かしていこうという思いがもともとあるため、さまざまな場面に際して『論語』の言葉が想起されたのです。また、常に自分の仕事に集中しており、そこで生じる問題にも真正面から向き合っているため、『論語』の言葉がより一層切実に感じられたのです。

『論語』を役立てようという思いがあり、さらに仕事を一所懸命やればやるほど『論語』の言葉が役立っていく。この二つがセットになって、『論語』と仕事が高密度に結び付き合い、回転していくわけです。

人生や仕事に真剣に向き合っていない人にとっては、『論語』にいくら有益な言葉が記されていても、心に迫ってくることはないでしょう。毎日自宅でネットサーフィンやSNSばかりやっている人にとって、『論語』はそれほど切実な意味を持ちません。一所懸命仕事をし、その中でいろんな人と向き合い、さまざまなトラブルを解決しながら歩んでいるからこそ『論語』がどんどん切実なものになっていくのです。

『論語』が切実なものになるような生き方を追求していくことが、自分を高めることにも繋がるのです。渋沢やフランクリンの言っていることに対して、深く感動する人というのは、真剣に仕事をしている人だと思います。仕事をすればするほど、この二人は、本当に口先だけでなく、行動に重きを置いて生きた実践の人であることが心に染みると思うのです。

真のクリエイティビティを発揮した渋沢栄一

「政府は日に月に繁多の法律命令を発布し、一も法律二も命令と、なんでも世の中をきわめて窮屈のものにしておる。（中略）かくのごとき傾向が今後もし、なお継続するとしたら、如何にして事業を発達せしめ、国運の開展を企つべきか。真に憂慮すべきは国民の元気銷磨《しょうま》の一事である」（元気地を払うて去る）

これは今の日本にも当てはまると思います。ルールを守ろう、守ろうと気を使ってばかりで、人間がビクビクと小さく縮こまっているきらいがあります。

昭和三十年代くらいまでの官公庁というのは、今と異なり非常に決断が速く、スピード感をもって物事を進めていました。今の時代からは想像できませんが、官公庁が強力なリーダーシップを発揮して、敗戦で崩壊した国を一日も早く立て直すべく奮闘していたのです。

その頃の日本人というのは元気でなくてはいられなかったのです。リーダー一人が元気というわけではなく、そこで働いている全員がプロジェクトに関わっているという自覚があり、元気に満ちあふれていたと思います。

現在の日本はある程度安定しているので、そういう大胆さというものが少々希薄になり、勇気がなくなってきています。渋沢も、明治維新から時が経ち、社会が安定するにつれ、決まり決まりと言い過ぎて窮屈になっていることを心配しているわけです。

「維新前後における人々の活動に比するに、その元気において実に天地の差がある。維新当時の人々の元気旺盛なりしは、真に目覚むるばかりで、かの薩長の両藩を連合

して維新の大業をなした元老諸氏のごときは、今人の夢想だも及ばぬ勇気を持っておったのであった」（元気旺盛なりし維新前後）

渋沢の面白いところは、その薩長の元老諸氏と直接知り合いであることです。西郷隆盛や木戸孝允といった人物の謦咳《けいがい》に接し、事をなすには大胆さというものが重要であることを実感していたことが、銀行とは何であるかという性質さえよくわからない時期に、これをつくり上げる原動力になったことは明らかです。

「当時余がそれらの苦心を忍び、万艱《ばんかん》を耕してこれが計画を断行したのは、一に国家産業の発展を念としたからではあったが、むしろ大胆の一語がよくこれを評してあまりあることで、その中には随分突飛なことも、また危険千万のこともたくさんにあった。それにも拘《かかわ》らずこれをやり上げたのは、ただ一片の精神によったことと、自ら信じて疑わぬのである」（元気旺盛なりし維新前後）

渋沢の説くように、事業というのはこうした大胆さ、元気と精力というのが基本になっているものであり、恐れを持ち過ぎ、無気力になっていくことのほうがかえって危険という側面もあります。たとえ組織のなかにいても、チャレンジ精神、フリーランスな精神、勇気を持つことが非常に大事です。

クリエイティブという言葉が持てはやされていますが、渋沢こそは真にクリエイティブな人物だと思います。いわゆる広告代理店的なクリエイティブという枠を遥かに超えて、何もないところに新しい事業を興していく。エンタープライズな精神、進取の気性をもって事業を興していく。これこそが真のクリエイティビティであり、プロジェクト力です。

プロジェクトをリードしていくプロジェクトリーダーという意味では、渋沢栄一こそ、その名にふさわしい人物です。渋沢はさまざまな会社をつくり、組織をつくり、大学を設立し、養護院まで設立してそこのリーダーになっていったのです。まさにプロジェクトの鬼と言っていいでしょう。そんな彼を支えた気力と実現していく行動力、そのすべての基本が『論語』にあると説いているところが面白いのです。

『論語』は二千五百年も前のものですから、プロジェクトリーダーについて説いた本には見えないかもしれません。しかし孔子はもともと魯の国のなかでプロジェクトをリードしていけるリーダーを養成するために教えており、自分自身もそういうリーダーであったわけです。そして魯の国と袂《たもと》を分かって放浪の旅に出た時も、リーダーになりたい人が孔子に教えを請うて一緒に旅をしました。

そう考えると、『論語』は宗教とはまったく異なり、実社会において如何にすればリーダーとなれるかを説いた本と言っていいのです。そのようなリーダーになるためには、まず自分自身が精神の徳を高めなければならないというのが孔子の考えであったのです。

日本もこの『論語』に説かれたラインを守っていけば、今以上に健全で活力に満ちた社会を築けていたことでしょう。これまでの足跡を振り返れば、世の中の大概のマイナスは、渋沢が説くような『論語』の精神を離れたところに要因があるように思えてなりません。

激務を処理するとっておきの秘訣

激務を処理してきたという点では、渋沢栄一は日本でもっとも処理能力が高かった人物の一人だと思います。渋沢はその秘訣を次のように記しています。

「人に接し事を処する場合は、必ずその精神を打ち込んで他になんらの思慮もなく、一途《いちず》にその事に当たるのが、もっとも策の得たるものであろうと考え、しかして左様に実行しつつあるのである」（その時々に精神を傾注してかかる）

己の精神のすべてをその一事に注ぎ込めと説いています。当たり前のことかもしれませんが、それが実際にできるかというと話はまた別です。激務を見事に裁いている人ほど、来た球をしっかり集中して確実に打っています。とにかくこの球を打って次がある、この球を打って次がある、その積み重ねの上にイチローのような年間二百安打という偉業が成し遂げられるわけです。来た仕事に対してしっかり集中する、次もまた集中する。その積み重ねこそが、激務を処理していく上での間違いのない方法だと渋沢は説いてくれています。

本を通じて優れた先人の精神に触れよう

「世に読書法を論ずるものは、ややもすれば精読がよいか、多読がよいかというようなことについて議論するが、（中略）必ずしも精読とか多読とか、一方に偏せしめなくてもよいではないか。（中略）余のごときは境遇上、精読のできぬ方であるが、身にとって金科玉条となるべき種類の書物に対しては精読しておる。（中略）修身的の書物では『論語』『孟子』等は精通的に読んだ方で、学者に負けぬつもりで今も研究しておる」（精読と多読）

渋沢はこのように書物を通して自分の知見を養い、精神を養いました。現代のビジネスパーソンも、自分の精神の柱となるような本を精読するとともに、大量の書物に日々親しんで自分の知見を高めていくことが大切です。

精読がどこまでできているかということは、それを引用できるかどうかでチェックできます。多読については、たとえば今年は百冊読んだかということをチェックして、自分の勉強量や人間としての成長度合いを測っていくとよいでしょう。

渋沢の時代の読書というのは、単に趣味の問題ではなく、人間修養に繋がっていました。世を知り、自分の精神を修養するに当たって益のある本を読むことに主眼が置かれていました。自分の精神を鍛えてくれるだけの内容を提供してくれるものといえばやはり本というものは外せない。渋沢の時代は、読書なくして人格修養なしというぐらいに重要な活動が読書だったのです。

本を読む人がどんどん減っている現在は、多くの人がインターネットの短いニュースや短い記事など、細切れの雑多な情報に接して日々を過ごしています。しかし、一つのまとまった書物に触れる機会が少なくなると、どんどん息が浅くなってしまうのです。

やはり精神というものが培われるには、偉大な人物の精神に触れる以上に有効なことはないのです。そして偉大な人物に触れるためには、やはり一冊の本に込められたその偉大な精神に触れ、感じ取るということが大切です。本を通じて優れた先人の精神を汲《く》み取り、受け取ることが、自分の成長にもっとも効率のよい近道なのです。

その意味で『論語と算盤』『渋沢百訓』といった本を読むことを通じて、私たちはそこに綴られた言葉から迸り出ている渋沢栄一の精神、魂というものを浴びることができます。それは渋沢自身が、『論語』を通じて行ったことでもあるのです。

私たちは『論語』から直接学ぶこともできますが、渋沢栄一を通して『論語』を学ぶことで、『論語』の活用の仕方についての理解が一層深まります。孔子は二千五百年前の人であり、大聖人であるため、『論語』を読みながら自分を孔子と重ね合わせて理解するといっても、なかなか難しい面もあるでしょう。しかし渋沢は実業界に身を投じた人物であり、現代社会で働く私たちと基本的には変わらない世界を生きていましたから、彼の語る言葉は素直に納得のできるものばかりです。また、それが『論語』の教えにも直結しているわけです。

これはもちろんフランクリンの本についても言えることです。『フランクリン自伝』や『論語と算盤』などを通じ、一流の人物の精神に触れることで、私たちの中の精神のＤＮＡをスイッチ・オンするということが大切なのです。

本の素晴らしさというのは、偉大な人物と一対一で向き合う時間が持てることです。ソーシャルネットワークが盛んな今は、自分と同レベルの人と向き合うことばかりに時間が費やされがちで、もっとフランクリンや渋沢栄一のような優れた先人と向き合い、自分を高める時間を持つ必要があります。一流の人物の書物に触れて、その優れた精神の文化を受け継ぐことが大切なのです。

書物を読むことは、本来、その著者を自分の中に住まわすことです。偉大な人の本を読み、それを血と肉とし、自分の中にその偉人を住まわす。

フランクリンと渋沢の二人を自分の中に住まわせている人は、資本主義社会を正しく生き抜き、世の役に立つ人物となるでしょう。

第六章

渋沢栄一とフランクリンから何を学ぶか

高い精神性こそが経営力の源泉

ここまで記してきた渋沢栄一とフランクリンのことを、今の日本では詳しく知らない人が大半でしょう。そういうなかで、今改めて渋沢とフランクリンの事跡を振り返る意味はどこにあるのでしょうか。それは、渋沢の説く『論語』の精神や、フランクリンの説く道徳心のトレーニングというものが、この資本主義社会の荒波を力強く歩んでいく上での心の安定剤になるというところにあります。

現代の名経営者と謳われる京セラ名誉会長の稲盛和夫さんには多くの熱烈な信望者がいますが、その講演や勉強会で多く語られるのが、心のあり方についての訓戒です。経営というともっと合理的で、経営学を学んでそれを上手く操作してお金を儲けていくような印象もありますが、実は一流の成功者が重視しているのは、経営の理論や理屈以上に、それに取り組む心のあり方、精神性なのです。

渋沢とフランクリンは卓越したマネジメント力を発揮した人ですが、その根幹には高い精神性というものがありました。今はさまざまなマネジメント理論を学ぶことができますが、そこに自分を活性化させるような精神文化、倫理観がまずあるか否かが問われています。大学や大学院でマネジメント理論を学ぶとして、そこに『論語』の講義がないのであれば、どこで精神的な根幹をつくればいいのでしょうか。

強力なマネジメント力を発揮した渋沢とフランクリンの原動力は、その精神性の高さにあり、それが人格にまで発展したからこそあれほどの膨大な事業を成し遂げ、それがさまざまな難しい局面を打開する判断力にまで繋がっていったのだと私は思います。

なぜなら、判断力は自分の立ち位置によって変わるものだからです。自分の保身ばかり考えていれば、事なかれ主義的な判断しかできなくなります。逆にチームのことを考えたり、社会全体のことを考えればまったく違った判断になる。そして渋沢もフランクリンも公共的な立ち位置にいたからこそ判断が速く、正確であったということも言えるのです。

判断がいつも真っ当で筋が通っているということが二人の重要な共通点です。公共的な視点があるからこそ判断が確かになっていくわけで、社会の透明性が高まり、誤魔化しの利かなくなった現代の企業にはいよいよそれが求められていると思います。

日本の発展の原動力となった倫理観と公共心を取り戻せ

アメリカというと、テレビや映画の影響もあってか、一見欲望の塊のような印象もありますが、もともとは勤勉で勤労を重んじる清教徒が移り住んできてできた国です。マックス・ウェーバーが分析するように、『聖書』の精神を土台に、真面目で禁欲的で合理的な精神を持ち合わせているために自然に資本が貯まり、資本主義が確立されたのです。

そのウェーバーの分析の大本になっている代表的人物がフランクリンなのです。フランクリンは、支配欲と金銭欲の塊で人を奴隷のように扱う従来の資本家のイメージとは真反対の、公明正大で、禁欲的精神と合理的精神を併せ持った人物でした。こういう人物こそ資本主義が求めていた人物であり、プロテスタントの倫理を持った人間が経済活動をやるとこういう典型像をウェーバーはフランクリンに見たのです。

フランクリンは、**「私有財産は社会が作り出したものであり、必要があればいつでも、最後の一ファージング銅貨までさえも社会の要請に応えるものである」**と言っています。私有財産を貯めるのが資本主義であったはずなのに、フランクリンは公共的な意識が非常に強いため、社会のためにはいつでもすべて投げ出すという考え方を持っていたのです。これは彼が普通の拝金主義者とまったく違うところです。

これに対して日本はどうでしょうか。アジアのなかでこれほど経済的な繁栄を成し遂げた裏に何があるのかと探っていくと、『論語』を指針とした渋沢のような倫理観を持ったリーダーが大勢いて、その人たちによって国全体の倫理観が押し上げられていたことがわかります。倫理観にもとづく高い公共心によって日本は経済的に成功できたのであり、その典型的人物が渋沢であったのです。

ところが今の日本には、残念ながら経済活動に精神性を入れ込む道筋が十分に見えません。

戦後間もない頃の経営者というのは、多くの仲間を戦争で失い、遺された者の責任をまっとうするために高い公共心にもとづいて経済活動をしていました。

アメリカがいまだに活力を保持し、世界で大きな存在感を示しているのは、フランクリンが指し示した方向に従ってブレずに歩み続けているからにほかなりません。

もちろん弱肉強食の世界であり、リーマンショックのような事態も起こってはいます。しかし、一方で利益を社会に還元するキリスト教精神もまた根付いています。母校の大学に巨額の寄付をして後進の役に立つように行動している経営者も数多く、そのおかげで米国の有力私立大は潤沢な資金を有しています。

彼らが紙幣にフランクリンの肖像画を採用しているのは非常に優れた発想です。国民が毎日のように彼の顔を見ることによって、彼が示した生き方の指針がさらに深く国民の心に浸透していくのです。

経済と倫理を結びつけて説いた渋沢の存在は、今の日本にとって大変貴重です。渋

フランクリンの肖像が印刷された100ドル紙幣

沢の業績や訓戒が広く浸透し、日本人の倫理観と公共心が高まっていくことを、私は強く願っているのです。

膨大な仕事をストレスなくこなしていく秘訣

渋沢栄一とフランクリンは既に記した通り、一人の人間がどうしてこれほどの仕事ができるのかと驚嘆するくらいに膨大な実績を残しました。しかも、本人たちはいたって平然と過ごしており、さしたるストレスも感じていない。激務のなかでもリラックスし、前向きで明るいエネルギーに満ちていたというのが渋沢とフランクリンの共通点です。

もちろん、二人が人並み外れた高い能力の持ち主であったことは言うまでもありません。しかし、そこには私たちにも応用できる考え方の秘訣があります。それがフランクリンの「十三徳」であり、渋沢の『論語』であったわけです。

現代はストレス社会と言われていますが、渋沢とフランクリンが生涯に受けたストレスの量たるや、とても私たちの比ではありません。一歩間違えれば死に至るような、途轍もなく大きなストレスの中で、悠々と生きていたのです。彼らを見れば、今の私たちが抱えている程度のストレスなど、問題にするのも恥ずかしくなるくらいです。

彼らには、ストレスという概念がないのです。初めから緊張感のなかで生きることをよしとしてしまっているため、緊張するとか、ストレスとか言われても、彼らにはピンとこなかったはずです。

なぜストレスがなかったのでしょう。それは彼らが義に生きていたからです。もう少し噛み砕いて言えば、正しさを貫くため、公に尽くすために生きていたからだと言ってもいいと思います。

渋沢について言えば、彼はもともと武士になりたい、自分の力を発揮して世の中をよくしたいという思いを出発点に生きてきた人です。若い頃に幕府に反乱を企てた時点で既に死ぬ気であり、自分の命よりも世の中をよくしたいという当初の志や使命感は、その後実業家として歩んでいくなかでも貫かれていたわけです。

二人はそうした使命感を持ち、情熱を燃やし、物凄いエネルギーで事業に邁進していきました。「ミッション！　パッション！　ハイテンション‼」で人生を突き進んでいったのです。

無駄なことで悩まず素早く決定していく

もう一つ言えることは、二人は合理性を貫くことによって、それが自ずとストレス対策になっていたということです。合理的思考というのは、実は大変有効なストレス対策になるのです。

それはたとえば、自分がコントロールできることについてはベストを尽くすけれども、考えても仕方がないことは考えないということです。

大蔵省時代の渋沢にとって、元勲の大久保利通は容易には動かしがたい巨大な存在でしたが、直属の上司であった井上馨は渋沢のことをよく理解し、磊落で面白い性質の人だったようです。そこで彼は、大久保を無理やり動かそうとするのではなく、井上を通じて物事を動かしていこうとしたわけです。

コントロールできるものとできないものを合理的に整理しながら、無駄なことで悩まず、必要なところで考えて素早く決定していく。そうした渋沢の仕事のやり方も、ストレスに上手く対処するヒントを与えてくれます。

いずれにしても、二人には私心がなく、活動の根本に、世のため人のためにやっているという自信と満足感があるため、常にメンタルの状態がとてもよく、いくら忙しくてもストレスが溜まらないのです。

しっかりした心の拠り所を持ち、自由に、意欲満々で活動していた二人の生き方は、ストレス社会を生きる今の私たちにさまざまな示唆を与えてくれます。

スピードこそが公共性である

二人の共通点でもう一つ注目すべきことは、柔軟性とスピード感です。二人は、時代の大きな転換期のなかで、昔の因習にとらわれることなく、新しいルールを次々と築いていきました。その柔軟性とスピード感には目をみはるものがあります。

新しいルールをつくっていく際にポイントとなるのが、先ほどから繰り返し記している公共性です。

二人は銀行をつくり、図書館をつくり、消防組合をつくり、たくさんの株式会社をつくり、大学に関わり、養護院にも関わり、社会に必要なあらゆるものを提案して運営してきており、言ってみれば「社会経営者」とも言うべき大きな役割を果たしました。

自分の利益のためにルールを変えていこうという考えが二人にはほとんどなく、あくまでも社会に必要な新しいルールを見出してどんどんつくりあげていく。それにスピード感をもって取り組んだことによって、あそこまで膨大な事業を成し遂げることができたわけです。

彼らには、とにかくどんどんつくって、駄目ならその時考えようという柔軟性、楽天性がありました。そして、その根底にあるのは徹底した合理性です。渋沢の『論語と算盤』には先述した通り、政府の硬直した対応を非難するくだりがありますが、その記述からは「あっちよりもこっちのほうが合理的なのに、なぜすぐに採用しないんだ。動きが遅いんだよ官庁は」といったイライラが伝わってくるようです。

「宅急便」の生みの親である小倉昌男さんは、認可のなかなか下りない官庁との大変な戦いの末に宅配事業を日本に定着させました。いまや宅配便なしの生活など考えられませんが、それを実現しようという時に官公庁がブレーキをかけるようなことをやっていたわけで、これは本来の姿とは逆なのです。

発展する国というのはどんどん攻めています。かつての日本も攻めに攻めていました。アジア各国が因習から抜けきれないでいる間に、日本はさっさとちょんまげを切り、殖産興業政策を推進し、新しい時代のトップを走っていきました。西洋の優れた文明を日本流に変換してどんどん取り入れて、新しい社会を創造していきました。どんどんアイデアを出し、意思決定力があり、その強力なエネルギーが渾然一体となってアクションに繋がっていったからこそ、あれ程のスピードで近代化を実現できたのです。

戦後、昭和三十年代頃までの官公庁も、さまざまな新しいルールを次々と打ち出して日本を強力にリードし、国の復興、経済発展に極めて大きな役割を果たしました。

たとえば、先の東京オリンピック開催前に、新幹線や首都高速道路があっと言う間に開通したのも、官公庁がスピード感を持って新しい都市づくりを強力にリードしたからにほかなりません。それこそが社会貢献の最たるものと言えるでしょう。

残念ながら、公共性とはスピード感だと言う人は、今はあまりいません。スピードこそが公共性であることが周知されなければなりません。

たとえば、インターネットの時代に入りさまざまな新しいルールづくりが求められているにもかかわらず、なかなか目立った動きが見受けられません。必要なルールがあれば、まず試しにやってみる。問題があれば修正を加え、活性化しつつ安全性を保っていく。その両方を並行して進めていくことこそが法律をつくる醍醐味であり、どんどんつくっては修正していけばよいのに、いまだに古いものにとらわれています。

最近、離婚した芸能人の子どもを巡る裁判で、婚姻後二百日を経過した後に生まれた子どもは婚姻中にできた子どもとみなす、というルールが判決に影響を及ぼし話題になっていました。しかし、この二百日というルールは明治時代の民法で定められたものであり、まだ現代のようなＤＮＡ鑑定法がなかった時代のものがいまだに影響力を持っていたのです。法改正がようやく行われましたが、もっと以前にスピーディーにできたはずです。

いずれにしても、法律の整備が遅いため、次々と変化し続ける現実に対応しきれていません。今こそ官公庁にスピード感が求められています。暫定的でよいのでどんどん対応し、どんどん修正していく姿勢が明治時代から戦後の昭和三十年代ぐらいまではあったのですが、いつの間にかそうしたスピード感が失われてしまっています。できるだけ波風立てないように、問題が起きてもできるだけ表沙汰にならないようにやり過ごそうとしている風潮は、全体を沈滞させます。

小さな集団からこの国を変えていく

こうした社会全体の閉塞感に風穴をあけていくには、まず小さな集団から変えていくことも一つの方法です。会社のなかの小さなチームで行われる会議も、一つの意思決定機関と捉えれば、これを再生していくことによって社会にもよい効果をもたらすことができます。

私は会議の議長を務めることが頻繁にありますが、進行を速くし、物事を次々と決定していくよう意識しています。「きょうはこれとこれを決めましょう。もし駄目だったら別の方法でいきましょう」と二案、三案まで出していく。そしてストップウォッチを使いながら、一つの議題に五分というふうに時間を区切って話し合っていくのです。

日本の会議は一般的に、開始時間には厳しいけれども終わる時間にはルーズで、五分遅れて入っただけで白い目で見られるのに、解散時間は平気で三十分以上もオーバーするのが日常茶飯事です。

しかし会議も渋沢とフランクリンのように、意思決定する勇気と、修正するスピード感の二つを持って臨むことによって組織の閉塞感は随分解消されるはずです。そして、そういう意識を持った小さな集団が増えていくことによって、日本も徐々に変わっていくと思うのです。

これからの時代に必須となる新しい学力とは

リーダーのなかには、物凄くカリスマ的で、人に口出しをさせずに周りをどんどん引っ張っていくタイプの人がいます。

城山三郎の『雄気堂々』に描かれる岩崎弥太郎は、自分が決めたことが絶対であり、周りは自分の言うことを聞けばいいという態度で強力に事業を展開していきました。一緒に仕事をやろうと持ちかけられた渋沢が、岩崎のそういうやり方が合わずに拒否するくだりがありますが、そこに渋沢の姿勢が象徴的に表現されていると思います。どちらの経営がよいかは別として、渋沢のやり方は知を結集して合議で決めていくことを目指すものです。その時に求められるのがスピード感です。民主的かつスピード感があり、しかも実効性がある必要があるのです。

今の時代、チームで仕事をする場面が増えていますが、チームで知恵を結集し、スピード感を持って動く「チーム仕事術」こそが渋沢の目指していたものだと私は思います。カリスマが強力にリードしていくことでも結果は出るでしょうが、メンバー一人ひとりのリーダーシップは養われません。渋沢は全員がリーダーになることを求めていたのです。

ドラッカーも、全員がエグゼクティブになる時代が来たと説いています。知識社会である現代は、一人ひとりが意思決定のできるリーダーにならなければならない。プロジェクトを立ち上げ、当事者意識を持って意思決定をし、成功に導いていく。そういう人間が求められるというのです。

今、新しい学力として求められているのも、そうした意思決定力や問題解決力です。伝統的な学力ももちろん大切ですが、今のような社会の変化のスピードが激しい時代は、未知の問題に遭遇しても、それを自分で解決していける力が求められているのです。

その点、渋沢とフランクリンの前にあったのは問題ばかりでした。「どうする、どうする、どうする」の連続のなかで、それらを次々と解決していった強靭な意思決定力と問題解決力。それこそが今求められている学力です。

渋沢とフランクリンのような人間がいると社会もどんどん前に進んでいくでしょう。「変化の激しいこれからの時代に必要とされる新しい学力とは何か」と問われれば、意思決定力と問題解決力にあふれた二人の事跡に学ぶことを勧めたいと私は思います。

強靭な問題解決力はこうして養え

では、私たちがそういう力を養うためにどうすればよいのでしょうか。渋沢は『論語と算盤』で、「智（知）・情・意」のバランスが大事であると説きました。合理的な判断ができる知性、他人の感情が理解できる情、そして強靭なる意志の三つですが、現代人にはこれに「体」を加える必要があると私は思います。

幕末・明治維新を支えた志士の大半は、剣術をやっていました。勝海舟も、西郷隆盛も、坂本龍馬も、そして渋沢もそうでした。剣なんか振っていた人がなぜ新しい社会をつくれたのかというと、剣術を通じて鍛え上げた体によって、精神を支えていたからです。

今の若い人たちは総じて頭は悪くないし、優しさもあるけれども、意志の部分に少し弱さを感じます。それは体と深く関係していると私は考えています。

戦前から昭和三十年代くらいまでの子どもは、外に出て泥まみれになりながら相撲を取ったり、いろんな危なっかしい遊びをしながら育ったため、自ずと体が鍛えられてエネルギーに満ちており、それが「意」を強力に支えていたのだと私は考えます。意と体は密接に結びついているのです。それゆえ、そこにしっかりした倫理観がなければ道を外れてしまうので、『論語』を通じて道を踏み外さないようにする必要があるのです。

フランクリンも健康の大切さを主張しており、健康は自分で管理していくことが仕事をする上で非常に大切なことであると説いています。労働者たちにビールの飲み過ぎを戒め、食事に気をつけるよう健康づくりのプランまでつくって指導することで、皆が元気に仕事をするようになったといいます。

心と体を分けずに考えるのが二人の共通点であり、そこにさらに徳が加わることによって、世のため人のために精力的に活動していました。

「知情意体」の四つがバランスよく育っていることが、困難な問題に対処していく基盤になるのです。

攻めの公共心でこの国を盛り上げていこう

倫理観は大切ですが、エネルギーに乏しい倫理観では、新しいものを生み出したり、物事を前へ進めていくことはできません。倫理観があるけれどもやる気がない、悪いことはしないけれども事業を興す意欲が足りない。こういう人が増えてしまうと、国全体が沈滞してしまうのではないかと私は危惧しています。

かつての団塊ジュニアの世代は全国で一学年二百万人くらいいましたが、今はそれが百万人くらいに半減し、浪人しなくてもどこかの大学に進学できる状況にあります。当然、受験の厳しさも二百万人が競争していた頃ほどの熾烈さはありません。学力低下というのは人口問題であると指摘する本もありますが、もっともなことだと思います。東大生はさすがに学力の低下は見られないと思いきや、入学直後の学生に毎年同じ数学の問題をやらせてみると、年々できなくなっているそうです。

その百万人に半減した若者たちの特徴が、大人しくて真面目で素直な人たちであるということです。言われたことは真面目にちゃんとやるのですが、リーダーシップを取って何か新しいことを始めていくようなエネルギーがあまり感じられないタイプが多い。そうなると、国の力を維持していくことは難しく、だんだん活力を失い、停滞していく恐れがあります。

同じ勤め人であっても、かつてのホンダやソニーには、会社の業務以外に隠れてでも自分のやりたい研究に取り組むほど意欲あふれる人がたくさんいて、そこから数多くの画期的な新製品が生まれました。仕事を仕事と思わず、遊びのように夢中で取り組む。会社に勤めながらも起業しているような感覚が、彼らにはあったのです。

では、どうすれば今の若い世代に内から迸り出るようなやる気を植え付けることができるでしょうか。その源になるものを探っていくと、やはり『論語』や『聖書』のような倫理観が体のなかに入っているほうが、やる気というのは起きやすいと私は考えます。

スポーツの世界では、監督が替わると急にチームの士気が高まって躍進を始めることがよくあります。それはもちろん監督の指導力によるものですが、もっと根本的なことを言えば、監督が替わることによってそのチームの精神的な文化に変化がもたらされるからです。新しい監督が新たなビジョンを示したり、一人ひとりにこれまでと違ったメッセージを送ったりすることによって、場を支配する空気が一変してチームのやる気が引き出されていく。要するに精神面が非常に大きいわけです。

そういう意味で渋沢とフランクリンには、それぞれ『論語』と『聖書』にもとづく人生訓を示して広く浸透させた、人生の指導者のような面があります。また、日本には昔から家訓や社訓というものがあり、それらが人々の生き方や経済活動の指針となってきました。

ところが今の日本では、そうした確固たる生き方の指針にもとづいて活動している人は少数派なのが現実です。『論語』の言葉を五つ以上挙げてくださいと言っても、今は多くの人ができないでしょうが、江戸時代の子どもであれば皆言えました。彼らは確固たる精神の柱を自分のなかに持っていたのです。精神が形成される時期に、寺子屋教育を通じて精神の柱となるものがしっかり叩き込まれ、自分の一部になっていたのです。

『童子教《どうじきょう》』や『実語教《じつごきょう》』といった寺子屋のテキストは、人生を生き抜く精神力を培う言葉にあふれています。そうした金言を、声に出して素読し、体に刻みこんでいったのです。現代にこそ必要な「精神を培う素読力」です。

そういう素読で倫理観と精神性を養った人たちがたくさんいたおかげで、明治維新も成し遂げられたのです。明治維新というのは、けっして一握りの英雄がやったわけではなく、日本全体にそれに呼応できるメンタルの強さや公共心というものが培われていたからこそ可能だったのです。戦後の復興期も同様です。日本人は公共心というものを軸にして発展してきたのです。

そうした歴史を振り返ってみると、実は公共心の教育こそが、一人ひとりの経済的環境をよくし、国全体の活力を高めていく近道になると言えるでしょう。

今の日本人には、町中でゴミを捨てないというようなディフェンシブな公共心はあります。けれども、今の日本に求められているのは、「攻めの公共心」です。もっと社会のことを大きく考えて、たとえば、この事業がこれからの社会のためになるのであれば、自分の人生のすべてを注ぎ込んでやり遂げるんだというふうな、意欲にあふれた攻めの公共心を育んでいく。そういうものが国の活性化に繋がっていく、と私は思います。

渋沢栄一とフランクリンを新しい日本のロールモデルに

人類の歴史には、さまざまな偉人がその名を刻んでいます。しかし、すべての偉人が自分の人生のロールモデルになるとは限りません。

私は、文豪の芥川龍之介や太宰治の作品が大好きで、そのずば抜けた才能に憧れ、畏敬の念を抱いています。けれども、彼らのように自殺や心中によって人生を終えたいとは思いません。また、孔子から後継者と目されていたものの、貧しさのなかで早世した顔回、あるいは維新の原動力となりながらも刑死した吉田松陰など、極めて魅力的な人物ではあるものの、自分が同じような生き方をしたいかと問われれば躊躇してしまうような偉人はたくさんいます。

その点、渋沢とフランクリンは、社会の発展に貢献する偉大な業績を残しつつ、本人も極めて大きな幸福感に包まれていたことは注目に値します。膨大な仕事をこなしながらも、キリキリして、ストレスに悩まされてしまうようなところがありません。事業がいくら大変でも愚痴を言わず、生き生きと活躍を続けました。

フランクリンは『フランクリン自伝』の冒頭で、「この年になるまでかなり幸運に恵まれて日を過ごしてきた」と記した上で、自分のように幸運な人生を送るための秘訣を記していきます。偉人は必ずしも幸運とは限らず、豊かな才能に恵まれているがゆえに追い込まれてしまうことも少なくありません。しかしフランクリンの場合、自分の生涯が幸運であったと言い切っているのです。

渋沢もフランクリンも人間的に非常にバランスが取れており、自分の人生も彼らのスタイルでいいのではないかと思わせる魅力があります。

誰しも、自分のやりたいことを存分にやってみたいし、ある程度のお金も欲しいし、人から後ろ指を指されるようなことはしたくありません。いろいろ考えてみると、渋沢とフランクリンこそはもっともバランスの取れたモデルであることを実感させられます。すべての偉人が自分のロールモデルになるわけでもなく、二人のようにバランスの取れた幸運な一生を過ごしたいというのが本音です。

運というものは呼び寄せることができると二人は説いています。公共心を持って、真面目に、誠実に、しっかり仕事に打ち込んでいれば、人から信頼されるようになり、次第に運も巡ってくる。また、チャンスがあった時にスピード感を持って対応すること、陋習にとらわれることなく、時代の変化に柔軟に対応していくことも、運を呼び寄せる大切な心懸けであることを、二人の生き方が教えてくれています。渋沢とフランクリンは、時代が生んだ人物のように見えながら、実はいつの世にも指針となる普遍的な人物像なのです。

今の日本はディフェンシブに縮こまっており、大胆な意思決定力に欠ける傾向があります。この閉塞感を打開していくためには、まず一人ひとりが目指すべき人物像というものをしっかり持つことが大切です。閉塞感の強い時ほどモデルが必要なのです。その際、豊かな才能をもとに成功した人がいたとしても、自分とは縁のない別世界を生きる人のように思われて、必ずしも生き方の参考にはなりません。しかし、誰もが習得可能な倫理観や道徳心を養い、そこから生まれる公共心によって大きな成功を収めた渋沢やフランクリンの生き方は、多くの人の参考になるでしょう。閉塞感の漂う今の日本に求められる人物像とも言えます。

渋沢とフランクリンは、道徳的なスピリッツと、勇気と発想力と行動力を兼ね備えて事業を興し、それがすべて公的なものになりました。私心がなく、世のため人のためという満足感、自分が社会にとって役立つ人間であったという満足感を持って人生をまっとうしました。これほどの人物をモデルにしないのは実にもったいないことです。

渋沢栄一とフランクリン。二人の生き方や実績を学ぶことによって、人生の意義が見出だせない人は道が開けていくでしょう。目標を見失った日本も再び活路を見出だし、新しい時代を切り開いていけると私は信じています。

（本文中の引用文の一部に読点を中点に変更した箇所があります）

あとがき

本書を通して二人が繰り返し述べていることの一つが、「志」を持つことの大切さです。

その志について、渋沢栄一は「大立志と小立志との調和」という考えを説いています。少し長くなりますが、以下引用してみます。

「立志の当初最も慎重に意を用いるの必要がある、その工夫としてはまず自己の頭脳を冷静にし、しかる後自分の長所とするところ、短所とするところを精細に比較考察し、その最も長ずる所に向って志を定めるがよい、またそれと同時に、自分の境遇がその志を遂ぐることを許すや否やを深く考慮することも必要で（略）既に根幹となるべき志が立ったならば、今度はその枝葉となるべき小さな立志について、日々工夫することが必要である、何人《なんぴと》でも時々事物に接して起る希望があろうが、それに対しどうかしてその希望を遂げたいという観念を抱くのも一種の立志で、余《よ》がいわゆる小さな立志とはすなわちそれである（略）つまり大なる立志と小さい立志と矛盾するようなことがあってはならぬ、この両者は常に調和し一致するを要するものである」

渋沢はここで、遠大な理想、即ち大きな志を抱くことの大切さを述べるとともに、足元の実践を決して疎かにしてはならない。その小さな実践こそが、大なる志を成り立たせる基であり、両者が相矛盾するところがあってはならないと説いているのです。

一方のフランクリンについても、本書で紹介した十三徳の項目を見ていくと、その一つひとつは非常に地味で、特別な仕掛けや発想がある訳ではありません。彼もまた同様、人生は普段の行動の積み重ねによってできており、よい習慣をつくり、それを実践し続けていくところに道がひらけると説いています。

明治維新、アメリカ建国という激動の時代にあって、自分自身を見失うことなく一生涯を貫いた彼らは、絶えず自らに問うていたのではないでしょうか。自分の果たすべき使命とは何か、自分のいま為すべきことは何か、と――。

翻って現代は、個人の人生をいかに豊かに、充実したものにするかという点ばかりが重視されがちですが、二人の歩んだ道を思う時、個を離れ、公や義に生きることこそが、人生を最も豊かにし、かつ個性を最大限に発揮させる道であるように思えてなりません。

平成二十八年五月

齋藤　孝

	ニア代表として選ばれる。
1776年（安永5年）70歳	「独立宣言」起草委員に選ばれる。
1778年（安永7年）72歳	パリにて米仏同盟条約にアメリカ代表として調印する。
1779年（安永8年）73歳	駐仏全権公使となる。
1781年（天明元年）75歳	対英講和会議代表となる。
1783年（天明3年）77歳	パリにて対英講和条約にジョン・アダムズ、ジョン・ジェイとともに調印。
1785年（天明5年）79歳	帰国。ペンシルヴェニア州知事に選ばれる。
1787年（天明7年）81歳	連邦憲法制定会議にペンシルヴェニア州代表として出席する。
1789年（寛政元年）83歳	黒人奴隷制度廃止協会を設立、会長に選出される。
1790年（寛政2年）84歳	4月7日、フィラデルフィアの自宅にて病没。議会の決議により国葬に付せられる。フランス国会も3日の喪に服した。

1751年（宝暦元年）45歳	後のペンシルヴェニア大学を設立。ペンシルヴェニア植民地議会議員に選ばれる。病院建設に尽力。
1752年（宝暦2年）46歳	稲妻と電気の同一性を発見。避雷針を発明する。
1753年（宝暦3年）47歳	郵政長官代理に任命される。イギリス王立協会から金メダルを受賞。ハーヴァード、イェール両大学から名誉学位を授与。
1754年（宝暦4年）48歳	オールバニー会議にてペンシルヴェニア代表となる。オールバニー連合案の起草にあたる。
1757年（宝暦7年）51歳	領主に対する課税権をめぐり領主と植民地が対立、植民地側の代表として渡英し、領主およびイギリス政府との交渉にあたる。『富に至る道』を出版。
1762年（宝暦12年）56歳	帰国。オックスフォード大学から名誉学位を贈られる。
1764年（明和元年）58歳	ペンシルヴァニア州会議長となる。ペンシルヴァニアを代表し渡英。
1766年（明和3年）60歳	前年成立した「印紙税法」の存続をめぐり、イギリス下院で尋問を受け、植民地の立場を雄弁に弁護。その努力により同税法を撤廃へ。
1775年（安永4年）69歳	帰国。第2回大陸会議にペンシルヴェ

●ベンジャミン・フランクリン 年譜

1706年（宝永3年） 0歳	1月17日（新暦）ボストンに蝋燭・石鹸づくりの息子として生まれる。
1714年（正徳4年） 8歳	ボストン・ラテン語文法学校に入学、一年足らずで退学し、ブラウネルの学校に入る。
1718年（享保3年）12歳	兄ジェイムズの印刷所に年季奉公。
1723年（享保8年）17歳	兄と衝突してフィラデルフィアへ出奔。
1724年（享保9年）18歳	植民地総督に騙されてイギリスに渡り、約一年半滞在、印刷工として働く。
1726年（享保11年）20歳	商人デナムとともに帰国。
1727年（享保12年）21歳	ジャントー・クラブを組織する。
1728年（享保13年）22歳	フィラデルフィアに印刷所を開く。
1730年（享保15年）24歳	デボラ・リードと結婚。
1731年（享保16年）25歳	会員制図書館（後のフィラデルフィア図書館）をつくる。13徳を樹立。
1732年（享保17年）26歳	『貧しいリチャードの暦』を発行。以後、1757年まで続刊。
1736年（元文元年）30歳	ユニオン消防組合を創設。ペンシルヴェニア州会書記となる。
1737年（元文2年）31歳	高等学院創設を提案。フィラデルフィア郵便局長就任。
1742年（寛保2年）36歳	オープン・ストーブを発明。
1747年（延享4年）41歳	植民地自衛軍を組織。電気の実験を開始する。
1748年（寛延元年）42歳	フィラデルフィア市会議員となる。

	メリカに渡航。
1916年（大正5年）76歳	第一銀行の頭取等を辞任し、実業界から隠退。
1917年（大正6年）77歳	日米協会創立・名誉副会長。
1919年（大正8年）79歳	協調会創立・副会長。
1920年（大正9年）80歳	国際連盟協会創立・会長。子爵を授与される。
1921年（大正10年）81歳	排日問題善後策を講ずるため渡米。
1924年（大正13年）84歳	東京女学館・館長。
1926年（大正15年）86歳	日本放送協会創立・顧問。
1927年（昭和2年）87歳	日本国際児童親善会創立・会長。
1928年（昭和3年）88歳	日本航空輸送会社創立・創立委員長。
1929年（昭和4年）89歳	大神宮御遷宮奉賛会顧問。中央盲人福祉協会創立・会長。
1930年（昭和5年）90歳	海外植民学校顧問。
1931年（昭和6年）91歳	１１月１１日死去、東京上野の谷中墓地に埋葬される。

1891年（明治24年）51歳	東京交換所創立・委員長。
1892年（明治25年）52歳	東京貯蓄銀行創立・取締役（後に取締役会長）。
1896年（明治29年）56歳	日本精糖会社創立・取締役。日本勧業銀行設立委員。
1900年（明治33年）60歳	日本興業銀行設立委員。特旨を以て華族に列し、男爵を授与される。
1901年（明治34年）61歳	日本女子大学校開校・会計監督。（後に校長）
1902年（明治35年）62歳	夫人とともに欧米に渡航。ルーズベルト大統領と会見。
1906年（明治39年）66歳	東京電力会社創立・取締役。京阪電気鉄道会社創立・創立委員長（後に相談役）。
1907年（明治40年）67歳	帝国劇場会社創立・創立委員長（後に取締役会長）。
1909年（明治42年）69歳	関係事業役員の大半を辞任。渡米実業団長としてアメリカに渡航。
1910年（明治43年）70歳	政府諮問機関の生産調査会創立・副会長。
1911年（明治44年）71歳	勲一等に叙し瑞宝章を授与される。
1912年（大正元年）72歳	ニューヨーク日本協会協賛会創立・名誉委員長。
1914年（大正3年）74歳	日中経済界の提携のため中国を訪問。
1915年（大正4年）75歳	パナマ運河開通記念博覧会を兼ね、ア

1875年（明治8年）35歳	第一国立銀行頭取。商法講習所の創立に尽力する。
1876年（明治9年）36歳	東京会議所会頭。東京府養育院事務長（後に院長）。
1877年（明治10年）37歳	択善会創立（後に東京銀行集会所・会長）。
1878年（明治11年）38歳	東京商法会議所創立・会頭（後に東京商業会議所・会頭）。
1880年（明治13年）40歳	博愛社創立・社員（後に日本赤十字社・常議員）。
1882年（明治15年）42歳	ちよ夫人死去。
1883年（明治16年）43歳	東京商工会初代会頭就任。伊藤かねと再婚。
1884年（明治17年）44歳	日本鉄道会社理事委員（後に取締役）。
1885年（明治18年）45歳	日本郵船会社創立（後に取締役）。東京養育院院長。東京瓦斯会社創立(創立委員長、後に取締役会長)
1887年（明治20年）47歳	帝国ホテル創立・発起人総代（後に取締役会長）。
1888年（明治21年）48歳	札幌麦酒会社創立・発起人総代（後に取締役会長）。東京女学館開校・会計監督（後に館長）。
1889年（明治22年）49歳	東京石川島造船所創立・委員（後に取締役会長）。
1890年（明治23年）50歳	貴族院議員となる。

●渋沢栄一 年譜

1840年（天保11年） 0歳	2月13日、現在の埼玉県深谷市血洗島に誕生。幼名は市三郎。
1845年（弘化2年） 5歳	父より漢書の句読を学ぶ。
1854年（安政元年）14歳	家業の畑作、養蚕、藍問屋業に精励。
1858年（安政5年）18歳	尾高ちよと結婚。
1863年（文久3年）23歳	高崎城乗っ取り、横浜焼き討ちを計画するが、尾高長七郎の説得で中止。京都に出奔。
1864年（元治1年）24歳	一橋家に出仕。
1866年（慶応2年）26歳	主君の徳川慶喜が征夷大将軍となり、栄一は幕臣に。
1867年（慶応3年）27歳	徳川昭武に従ってフランスへ渡航（パリ万博使節団）。
1868年（明治元年）28歳	明治維新によりフランスより帰国、慶喜を訪問。
1869年（明治2年）29歳	静岡藩に「商法会所」設立。明治政府に仕官し、民部省租税正となる。
1870年（明治3年）30歳	官営富岡製糸場設置主任となる。
1871年（明治4年）31歳	紙幣頭となる。
1872年（明治5年）32歳	大蔵少輔事務取扱。
1873年（明治6年）33歳	大蔵省を辞職。第一国立銀行開業・総監役。抄紙会社創立（後に王子製紙会社・取締役会長）。
1874年（明治7年）34歳	東京府知事より共有金取締を嘱託される。

【出典一覧】（順不同）

渋沢栄一『渋沢百訓　論語・人生・経営』（角川ソフィア文庫）
渋沢栄一『論語と算盤』（国書刊行会）
渋沢栄一　守屋淳訳『現代語訳　論語と算盤』（ちくま新書）
渋沢栄一　齋藤孝訳・責任編集『渋沢栄一「論語講義」「論語」を生かす私の方法』（イースト・プレス）
渋沢栄一『渋沢栄一「雨夜譚／渋沢栄一自叙伝〔抄〕」』（日本図書センター）
佐野眞一『渋沢家三代』（文春新書）
東京商工会議所編『渋沢栄一　日本を創った実業人』（講談社＋α文庫）
平川祐弘『進歩がまだ希望であった頃』（講談社学術文庫）
渋澤健『渋沢栄一　１００の訓言』（日経ビジネス人文庫）
土屋喬雄『渋沢栄一』（吉川弘文館）
宇野哲人『論語新釈』（講談社学術文庫）
福沢諭吉『童蒙おしへ草』（慶應義塾大学デジタルギャラリー）
マックス・ヴェーバー　大塚久雄訳『プロテスタンティズムの倫理と資本主義の精神』（岩波文庫）
フランクリン　松本慎一・西川正身訳『フランクリン自伝』（岩波文庫）
フランクリン　渡邊利雄訳『フランクリン自伝』（中公クラシックス）
ゴードン・S・ウッド　池田年穂・金井光太朗・肥後本芳男訳『ベンジャミン・フランクリン、アメリカ人になる』（慶應義塾大学出版会）
城山三郎『雄気堂々（上・下）』（新潮文庫）

〈著者略歴〉

齋藤 孝（さいとう・たかし）

昭和35年静岡県生まれ。東京大学法学部卒業。

同大学教育学研究科博士課程を経て、現在明治大学文学部教授。

専門は教育学、身体論、コミュニケーション技法。

著書に『子どもと声に出して読みたい「実語教」』『親子で読もう「実語教」』『子どもと声に出して読みたい「童子教」』『日本人の闘い方』（いずれも致知出版社）など多数。

渋沢栄一とフランクリン

平成二十八年五月二十五日第一刷発行

著　者　齋藤　孝
発行者　藤尾　秀昭
発行所　致知出版社
〒150-0001　東京都渋谷区神宮前四の二十四の九
TEL（〇三）三七九六―二一一一
印刷・製本　中央精版印刷
落丁・乱丁はお取替え致します。　（検印廃止）

ISBN978-4-8009-1108-7 C0034
ホームページ　http://www.chichi.co.jp
Eメール　books@chichi.co.jp